电子商务专业新形态一体化系列教材

电子商务客户服务
（第 2 版）

主　编　原拴双

副主编　杜　慧

参　编（排名不分先后）

　　　　李海涛　吴　莹　谢瑞敏

　　　　郭　杰　张许畅　杨莉莉

主　审　齐莉丽　李巧丹

北京理工大学出版社
BEIJING INSTITUTE OF TECHNOLOGY PRESS

内 容 简 介

本教材坚持"理实一体、工学结合、产教融合"的编写理念，以电子商务相关企业的实际工作岗位内容为主线创设项目情境，将客服工作岗位和流程分解为项目任务和活动，对客服工作应具备的专业技能素养进行了梳理，提出了客服人员技能强化和综合素养提升的策略。本教材共8个项目，分别是走进电子商务客服、电子商务平台操作入门、客户服务沟通技巧、售前咨询接待、提供售后服务、电子商务客服进阶技能、搭建电子商务客服团队、电子商务客服行业发展与数智化客服。

本教材可作为中等职业院校电子商务、网络营销、直播电商、跨境电商、互联网营销、市场营销等商贸专业"电子商务客服""网店客服"课程的教材，也可供中高本衔接院校在教学时参考，还可作为企业电子商务岗位的培训参考书及电子商务行业从业人员的自学用书。

版权专有 侵权必究

图书在版编目（CIP）数据

电子商务客户服务 / 原拴双主编 . -- 2 版 . -- 北京：
北京理工大学出版社，2024.8.
ISBN 978-7-5763-4446-2

Ⅰ. F713.36

中国国家版本馆 CIP 数据核字第 2024YP8730 号

责任编辑： 时京京　　**文案编辑：** 时京京
责任校对： 刘亚男　　**责任印制：** 施胜娟

出版发行 / 北京理工大学出版社有限责任公司
社　　址 / 北京市丰台区四合庄路 6 号
邮　　编 / 100070
电　　话 /（010）68914026（教材售后服务热线）
　　　　　　（010）68944437（课件资源服务热线）
网　　址 / http://www.bitpress.com.cn

版 印 次 / 2024 年 8 月第 2 版第 1 次印刷
印　　刷 / 定州市新华印刷有限公司
开　　本 / 889 mm × 1194 mm　1/16
印　　张 / 13
字　　数 / 263 千字
定　　价 / 45.00 元

图书出现印装质量问题，请拨打售后服务热线，负责调换

党的二十大报告指出："教育、科技、人才是全面建设社会主义现代化国家的基础性、战略性支撑。"二十大报告进一步强化职业教育的表述更加鲜明具体："统筹职业教育、高等教育、继续教育协同创新，推进职普融通、产教融合、科教融汇、优化职业教育类型定位"，为职业教育的发展提供了重要指引。作为职业教育的践行者，要进一步增强职业教育工作的使命感、责任感、紧迫感，加强教材建设和管理，加快推进职业教育高质量发展，坚持"为党育人、为国育才"。

近年来，随着我国电子商务领跑全球电子商务高速增长、网络支付的普及、电子政务广泛应用、短视频与直播的兴起、电子商务新模式和业态的形成，电子商务人才需求仍然旺盛，但部分学校的毕业生与岗位需求存在一定的差距。这对电子商务相关教材编写提出了更高的要求。

本书采用项目教学理念编写，以"升学与就业并重"为导向，以培养高技能专业人才为目标，是一本理实一体化教材。本书结构清晰、案例丰富、图文并茂、实用性强，既可作为职业院校电子商务及商贸类相关专业教学用书，也可作为电子商务岗位的培训参考书及电子商务行业从业人员的自学用书。

本书特点如下：

一、结构体系

全书采用"项目——任务——活动"结构体系进行编写，以"中职学校电子商务专业学生"为主体，根据电子商务相关企业的实际工作岗位内容为主线创设项目情境，将客服工作岗位和流程分解为8大项目、24个工作任务和49个实践活动。

二、栏目设计

本书进行栏目创新，设计有：项目情境、学习目标、思维导图、任务导入、任务分解、任务实施、活动描述、知识攻坚、实战演练、项目提升、项目小结、项目反馈等模块，便于知识分化，也更能引发读者学习兴趣。

三、与相邻课程的衔接情况

"电子商务客户服务"作为电子商务专业核心课程，在学习了电子商务基础和市场营销等专业基础课后，对电子商务客户服务岗位进行系统学习，可为学习电子商务网店运营、1+X网店运营推广、电子商务综合实训等专业拓展课和综合实践课做好铺垫和准备。

四、资源配套与教学条件要求

为了便于读者学习，本书配套丰富的课程资源，相关教学软件可操作性强，适合不同教学条件的学校使用。在客服教学实践和产教融合方面，进行了探索和研究，可提供更多的教学资源和软硬件支持。

五、重要特色

1. 因为电子商务客服专业就业缺口大、市场需求大，虽现有的电子商务客服书籍较多，但多本再版教材受出版年限和知识结构所限，实时性较差，课程内容和案例相对过时。本书注重时效性，恰好可以完全地解决这个问题。

2. 本书采用"理实一体、工学结合、产教融合"的编写思路，对客服工作应具备的专业技能素养进行了知识梳理、技能强化和综合素养提升。中山市买它网络科技有限公司提供了来自电子商务企业一线的最新案例、平台数据，李力君还参与了部分目录的讨论工作。

3. 本书有针对全国职业院校技能大赛"电子商务运营"赛项的专用软件——ITMC"电子商务综合实训与竞赛系统"网店客户服务实训软件的使用，以及如何与顾客进行在线沟通，形成异议处理方案，帮助读者顺利完成国赛相关赛项的学习培训。

4. 本书的实训活动包含一些电子商务师考证的内容，鼓励学生取得技能等级证书，为升学做好充分准备，真正做到了"岗课赛证"四位一体。

5. 本书贯彻"升学与就业并重"的办学理念，在电子商务专业中高本衔接贯通培养方面得到天津职业技术师范大学齐莉丽教授和中山火炬职业技术学院李巧丹副教授的指导。

6. 本书编写和审核团队汇集广东省、山东省、浙江省、天津市等职教高地，来自职业本科、高职、技师学院和中职学校的专家教授、专业带头人、国赛省赛指导老师，还有电子商务产教融合企业专家，在"岗课赛证"融合方面，都有全面系统的认识和思考。

此外，本书还配有相应的教学设计、电子课件、微课资源供教学参考与使用。这可以更好地指导学生课前预习和课后复习巩固。内容编写由浅入深、循序渐进，易被广大读者所接受。

本书由原拴双任主编，杜慧任副主编，齐莉丽、李巧丹任主审。编写分工如下：揭阳技师学院李海涛编写项目1、项目7，浙江临海市中等职业技术学校杨莉莉编写项目2，天津第一商业学校张许畅编写项目3，普宁职业技术学校原拴双、杜慧编写项目4，揭阳捷和职业技术学校吴莹编写项目5，烟台旅游职业技术学院郭杰编写项目6，汕头市林百欣科学技术中等专业学校谢瑞敏编写项目8。本书在编写过程中，参阅了大量的相关教材和资料，同时得到中山市买它网络科技有限公司和北京理工出版社的大力支持，在此一并表示感谢。

另外，由于编写时间仓促、编者水平有限，书中难免会有疏漏和不妥之处，恳请广大读者批评指正。读者意见反馈信箱为254628366@qq.com。

编 者

目录

项目1　基础篇：走进电子商务客服　/ 1

任务1　认识电子商务客服的角色定位与职责 ·········· 2
活动　　体验电子商务客服角色职责·········· 2

任务2　探索电子商务客服的职业要求 ·········· 5
活动1　熟知电子商务相关法律法规·········· 6
活动2　掌握电子商务客服基本技能·········· 9
活动3　培养电子商务客服文字录入技能·········· 12

项目2　操作篇：电子商务平台操作入门　/ 18

任务1　熟悉主流电子商务平台 ·········· 19
活动1　熟知平台对电子商务客服的要求·········· 20
活动2　认识平台客服工具·········· 24
活动3　总结不同平台的应对技巧·········· 27

任务2　管理订单与物流 ·········· 30
活动1　使用平台订单管理工具·········· 31
活动2　掌握平台物流跟踪工具·········· 37
活动3　处理物流异常信息·········· 41

项目3　沟通篇：客户服务沟通技巧　/47

- 任务1　熟知语言艺术与沟通技巧 ……………………………………………… 48
  - 活动1　熟知电子商务客服的语言艺术 ………………………………… 49
  - 活动2　掌握沟通技巧 …………………………………………………… 51
- 任务2　客户心理分析与应对 ……………………………………………………… 55
  - 活动1　熟识电子商务客户分类 ………………………………………… 56
  - 活动2　掌握不同类型客户的应对技巧 ………………………………… 59
- 任务3　情绪管理与压力缓解 ……………………………………………………… 61
  - 活动1　掌握电子商务客服情绪管理技巧 ……………………………… 61
  - 活动2　学会压力应对与自我调节 ……………………………………… 63

项目4　处理篇：售前咨询接待　/68

- 任务1　熟悉售前服务流程 ………………………………………………………… 69
  - 活动1　熟知商品知识 …………………………………………………… 70
  - 活动2　明确售前服务流程 ……………………………………………… 73
- 任务2　掌握售前解答技巧 ………………………………………………………… 76
  - 活动1　精通咨询问题分类 ……………………………………………… 77
  - 活动2　巧用解答技巧 …………………………………………………… 80
- 任务3　客户异议处理 ……………………………………………………………… 84
  - 活动1　初识客户异议内容类型 ………………………………………… 85
  - 活动2　客户异议产生的原因 …………………………………………… 88
  - 活动3　客户异议处理措施 ……………………………………………… 90
  - 活动4　撰写客户异议处理方案 ………………………………………… 94
- 任务4　高效率引导客户下单 ……………………………………………………… 96
  - 活动　引导客户下单 ……………………………………………………… 96
- 任务5　分析讨论直播客服案例 …………………………………………………… 100
  - 活动　分析与讨论直播客服案例 ………………………………………… 101

项目 5　业务处理篇：提供售后服务　/ 106

任务 1　熟识售后服务 ··· 107
活动 1　分析售后服务类型 ··· 107
活动 2　规划售后服务流程 ··· 110

任务 2　处理退换货 ··· 114
活动 1　了解退换货规则 ··· 114
活动 2　处理退换货操作 ··· 117

任务 3　处理投诉纠纷 ··· 120
活动 1　分析客户投诉类型 ··· 120
活动 2　处理一般投诉 ··· 123
活动 3　处理重大投诉 ··· 128

项目 6　进阶篇：电子商务客服进阶技能　/ 134

任务 1　建立客户关系 ··· 135
活动 1　建立客户关系 ··· 135
活动 2　维护重要客户 ··· 138

任务 2　营销推广活动 ··· 141
活动 1　熟知电子商务营销活动种类 ······································· 141
活动 2　在互动沟通中传递营销价值 ······································· 144

任务 3　分析数据与提升业绩 ··· 146
活动 1　巧用数据分析方法 ··· 146
活动 2　提升业绩技巧 ··· 148

项目 7　团队篇：搭建电子商务客服团队　/ 153

任务 1　团队角色分工 ··· 154
活动　　熟识团队角色分工 ··· 154

任务 2	掌握团队协作与沟通技巧	157
	活动　掌握团队协作与沟通技巧	157
任务 3	分析团队建设案例	161
	活动　分析团队建设案例	161

项目 8　未来篇：电子商务客服行业发展与数智化客服　/ 166

任务 1	探索客服创新理念	167
	活动 1　电子商务客服行业发展前景	168
	活动 2　客服创新理念与案例分析	170
任务 2	优化智能客服	175
	活动 1　AI 智能客服工具	175
	活动 2　智能客服辅助工具	180
	活动 3　智能客服配置技巧	184
任务 3	提升个人职业规划意识与能力	189
	活动 1　电子商务客服岗位及考核要求	189
	活动 2　制订学习计划，提升职业能力	193

参考文献　/ 199

基础篇：走进电子商务客服

项目情境

校企融合促发展，共建平台练技能

《关于加强新时代高技能人才队伍建设的意见》指出，要构建以行业企业为主体、职业学校为基础、政府推动与社会支持相结合的高技能人才培养体系。

敬业职业技术学校积极响应政策号召，与星星之火工作室建设产教融合、共育技能人才的平台。王秀和李刚是来自该校的电子商务专业的二年级学生，接下来他们将在院校导师和企业导师的指导下，以星星之火工作室的具体业务为依托，为中小企业提供电子商务客服。作为职场新人，王秀和李刚需要在导师的指导下，首先了解电子商务客服的含义、技能要求，培养遵纪守法、爱岗敬业、诚实守信的职业素养。

学习目标

知识目标：
1. 掌握电子商务客服的含义
2. 掌握电子商务客服的职业要求
3. 熟悉相关法律对电子商务客服的要求

能力目标：
1. 掌握电子商务客服的意义
2. 掌握信息搜集及整理的能力
3. 分析并提升电子商务客服技能

素质目标：
1. 培养遵纪守法、爱岗敬业、诚实守信的职业素养
2. 提升团队协作与沟通能力

思维导图

- 基础篇：走进电子商务客服
  - 任务1 认识电子商务客服的角色定位与职责 —— 活动 体验电子商务客服角色职责
  - 任务2 探索电子商务客服的职业要求
    - 活动1 熟知电子商务相关法律法规
    - 活动2 掌握电子商务客服基本技能
    - 活动3 培养电子商务客服文字录入技能

任务1 认识电子商务客服的角色定位与职责

任务导入

进入星星之火工作室后，随着工作室业务增多，王秀和李刚发现客服工作区经常处于忙碌的状态，大家都在自己的工位上埋头工作，只听到键盘声响，没有交流讨论声。李刚对这种工作状态非常不理解，他经常和王秀抱怨工作枯燥乏味，没有成就感。他们请教客服主管张主管，张主管耐心地给他们讲解电子商务客服工作的角色职责、工作意义。作为客服人员，他们承担着企业与顾客之间的沟通桥梁的重要作用，正确理解电子商务客服的重要意义，才能努力为顾客营造轻松、愉悦的购物体验。

任务分解

按照刘老师的指导，王秀和李刚首先需要了解电子商务客户服务的含义、意义，了解岗位角色，最后通过体验服务、总结特点，深刻理解岗位职责，树立爱岗敬业的职业素养。

任务实施

活动 体验电子商务客服角色职责

活动描述

王秀和李刚在刘老师和企业导师的带领下登录京东官网，以顾客身份与多家不同店铺的客服进行在线沟通，体验电子商务客服的角色职责。

项目1 基础篇：走进电子商务客服

知识攻坚

一、电子商务客服的概念

电子商务客服是指在电子商务活动中，为顾客提供咨询、订单处理、售后服务等帮助的工作人员。

二、电子商务客服的岗位角色与职责

电子商务客服是企业与顾客之间的沟通桥梁。设置电子商务客服岗位是提升用户体验、促进销售、维护品牌形象、提升企业竞争力的重要手段。

传统电子商务客服往往包含售前客服、售后客服，随着传统电子商务进一步发展，又出现了新媒体客服。虽然种类不同，但是他们主要职责通常包括以下几个方面。

（一）客户咨询解答

咨询解答一般包括热情问候、挖掘需求、推荐商品、解答疑问、促成交易、跟进反馈、结束道别等几个方面。

热情问候，是指在接待客户时，能够及时、热情、专业地对客户致以问候。客户量较多无法及时回复时一般可以设置自动回复。大多数情况下，客户的需求是模糊的，这就需要客服人员掌握挖掘需求的技巧。在客服人员与顾客沟通中，往往会对产品产生异议，此时需要客服能够及时有效地解答客户疑问。促成交易是客服人员的基本职责，客服人员需要掌握一些技巧和话术来促成交易。当然，无论成交与否，都要礼貌告别，做好收尾工作。

（二）订单处理

订单处理包括订单确认、修改、取消等。针对需要修改订单的客户，客服人员应及时修改并请客户确认；如果不能修改，则应指导客户申请退款，重新下单。针对申请退款的客户，应了解原因并挽留，无法挽留则根据退款流程予以退款处理。

（三）售后服务

客户在收货后可能会提出售后申请，客服人员要及时处理，如指导客户进行退换货，解决商品在使用中遇到的安装维护问题等，向其提供必要的服务支持。

（四）投诉处理

客服人员在处理顾客投诉时，应认真倾听顾客的反馈和不满，把握问题本质。在倾听的过程中，客服人员应详细记录投诉内容及顾客诉求。掌握详细情况后，客服人员应迅速分析问题，并与相关部门或团队沟通协调，提出合理且可行的建议，以最大限度地满足顾客的需求。

（五）信息收集与反馈

信息收集与反馈是提升产品和服务质量的关键环节。客服人员作为企业与顾客之间的桥梁，肩负着收集顾客反馈信息并将其反馈给相关部门的重要职责。通过这种信息收集与反馈的机制，企业能够及时了解顾客的需求和期望，发现产品或服务中存在的问题和不足。同时，这

种机制还能够促进企业内部各部门的协作和沟通，提升整体的工作效率和效果。

（六）销售支持

客服人员作为销售支持的核心力量，通过提供专业的服务，不仅能够显著提升顾客的购买意愿，还能有效促进销售增长。

（七）客户关系管理

一次交易往往只是开始，客服人员需要做好客户资料的收集和整理，定期对客户档案进行维护，制订计划对客户进行关怀回访。这对店铺降低运营成本、提高客户黏性、开展口碑营销，具有重要意义。通过定期的沟通和服务，维护与顾客的良好关系，提升顾客的复购率。

（八）跨部门协调

作为客服人员，需要与物流、销售、技术等部门紧密合作，确保顾客的问题能够得到及时和有效的解决。

三、分析京东客服岗位

（1）登录京东官网。京东首页界面如图1.1.1所示。

图1.1.1　京东首页界面

（2）在搜索框中输入"华为手机"，单击搜索按钮。京东搜索页面如图1.1.2所示。

（3）选择你感兴趣的商品，查看商品信息，尝试与客服沟通，对比不同店铺客服的特点。

（4）总结电子商务客服的工作。

通过观察和对比，我们会发现不同店铺的客服工作会有些许差异，请结合你的观察，将不同店铺的客服工作情况记录下来，并填入客服工作情况记录表（表1.1.1）。

项目 1　基础篇：走进电子商务客服

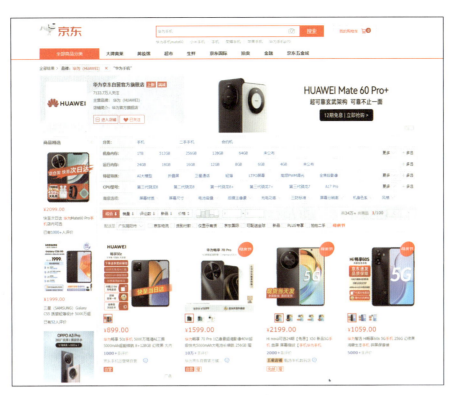

图 1.1.2　京东搜索页面

表 1.1.1　客服工作情况记录表

序号	店铺名	店铺类型	响应速度	语言特点	服务态度	解答准确性

任务 2　探索电子商务客服的职业要求

任务导入

通过前一阶段的学习，经过客服主管张主管的辅导，王秀和李刚对电子商务客服有了更深层次的理解。近期，王秀在接待客户过程中，遇到一位难缠的客户张先生。张先生购买了店铺的商品，到货后对质量不满，申请退货不退款。王秀和他沟通多次，张先生以"质量有问题，产品已经丢掉"为由拒不退货，这让她感觉无从下手。无奈之下，她找到张主管倾诉。张主管首先告诉她客服人员经常要面对形形色色的客户，除了要有耐心和超强的抗压能力之外，还要求客服熟练掌握平台规则、快速判别客户疑问，培养专业、高效的工作风格。

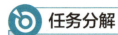 **任务分解**

要想快速判别客户疑问，解决客服工作中的各种问题，首先就要了解电子商务客服工作的相关法律法规，同时熟悉并掌握电子商务客服的基本技能。

 **任务实施**

活动1　熟知电子商务相关法律法规

活动描述

电子商务法律法规及行业规则是维护电子商务交易秩序、保障电子商务参与各方权益的重要手段，接下来，王秀和李刚在刘老师的带领下搜索电子商务法律法规和平台规则，了解和掌握相关知识。

知识攻坚

为保障电子商务各方主体的合法权益，规范电子商务行为，维护市场秩序，电子商务客服在职业活动中要遵守国家法律法规，还要遵守平台规则。

一、了解电子商务法律法规

《中华人民共和国电子商务法》（以下简称《电子商务法》）是我国第一部电子商务领域的综合法律，对解决电子商务存在的突出问题、规范并促进电子商务发展具有重要意义。

（一）《电子商务法》的目的和适用范围

《电子商务法》旨在保障电子商务各方主体的合法权益，规范电子商务行为，维护市场秩序，促进电子商务持续健康发展。

《电子商务法》适用于中华人民共和国境内的电子商务活动。但金融类产品和服务，以及利用信息网络提供新闻信息、音视频节目、出版以及文化产品等内容方面的服务，不适用本法。

（二）《电子商务法》的基本原则

电子商务经营者从事经营活动，应当遵循自愿、平等、公平、诚信的原则，遵守法律和商业道德，公平参与市场竞争，履行消费者权益保护、环境保护、知识产权保护、网络安全与个人信息保护等方面的义务。

（三）《电子商务法》的其他重要规定

国家鼓励发展电子商务新业态，创新商业模式，推进电子商务诚信体系建设。

国家平等对待线上线下商务活动，促进线上线下融合发展。

国务院有关部门负责电子商务发展促进、监督管理等工作。

（四）电子商务活动中直接面临的法律问题

其中包括租税之间课征问题，即是否对网络交易进行课税，以及由哪国政府课征和是否能发生重复征税的行为。

另一个重要问题是电子支付制度的安全性。网络交易的安全性问题是网络商业化发展的关键，国际组织正在积极研究安全的电子支付制度。

小试牛刀

以6人为一个团队，通过网络查阅《中华人民共和国电子商务法》，向同学们介绍该部法律的基本内容。

二、掌握相关平台规则

电子商务平台规则通常基于相关的法律法规制定，旨在维护网络交易秩序，保障各方主体的合法权益，促进数字经济的持续健康发展。遵守平台规则是每一位商家的基本义务。

常用的电子商务平台都有其平台规则，下面以淘宝网为例，介绍电子商务客服需要学习的规则要点。

（一）商品如实描述

商品如实描述是指卖家通过淘宝所提供渠道做出的与商品本身有关的信息描述与事实相符，这些信息包括但不限于商品基本属性、成色、瑕疵等。

（二）评价规则

淘宝网的评价规则包括店铺动态评分、信用评价和评价处理。

1. 店铺动态评分

店铺动态评分即店铺DSR（Detailed Seller Ratings，DSR），包括描述相符、服务态度、物流服务三项，均是五星制打分。买家可在交易成功的15天内，在发布评价时对店铺评分进行打分。淘宝店铺动态评分如图1.2.1所示。

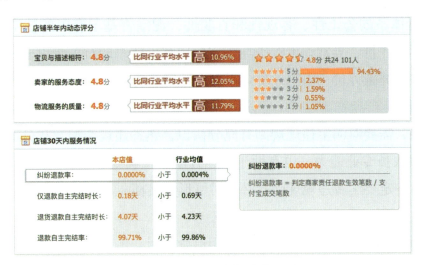

图1.2.1 淘宝店铺动态评分

每项店铺动态评分＝连续6个月内买家打出该项评分的分数总和/连续6个月内买家打出该项评分的总次数，也就是说店铺动态评分统计的是最近6个月内的均值，是持续更新的。若6个月内未产生新的评价，则DSR分数维持不变，直到有新的评价产生。DSR分数会进行更新，更新可能延迟24~48小时。

技能初探

以4人为一个团队，讨论如下问题：若店铺共有20个订单（20个不同买家）操作店铺评分，其中对描述相符项有19人打5分、1人打1分，则描述相符项动态评分是多少？

2. 信用评价

信用评价由买卖双方互评，包括信用积分和评论内容。

信用评价的基本规则是买家若给予卖家好评，则卖家信用积分加1分；若给予差评，则减1分；若给予中评或15天内双方均未评价，则信用积分不变。

评价内容一般包含文字评论、图片评论、视频评论。PC端店铺评分页面如图1.2.2所示。

图 1.2.2　PC 端店铺评分页面

3. 评价处理

为了确保评价体系的公正性、客观性和真实性，淘宝将基于有限的技术手段，对违规评价、恶意评价、不当评价、异常评价等破坏淘宝信用评价体系的行为予以坚决打击，处理措施包括但不限于删除或屏蔽评价、限制评价、限制卖家行为等。

（三）违规规则

作为网店客服，需要对淘宝违规规则有充分认识，熟悉违规类型及扣分等相关规则，不仅能够提升网店客服人员专业能力，也有助于快速判断、正确处理顾客提出的各种问题。因此，网店客服在上岗前一定要学习违规规则，必要时可形成文档，以便随时查询。

（四）超时规则

淘宝超时规则主要包含通用交易超时、通用退款超时、淘宝网特殊交易超时、淘宝网特殊退款超时、淘宝网售后超时、超时时间变更。

超时规则

项目1　基础篇：走进电子商务客服

案例分析

刷单炒信不可信，小心被罚

基本案情：2022年8月22日，番禺区市场监管局查获一起广州某电子商务有限公司"刷单炒信"的行为。

根据线索，当事人涉嫌通过特定网站，为购物平台的网店提供"提升流量""优化排名"等服务。

经查，当事人通过网站向某购物平台的35家网店，售出"刷单"订单共1 550单，已完成781单，订单任务商品交易金额共123 378.75元，获得佣金共6 916.50元。

在案件查办过程中，遇到当事人的幕后老板关闭涉案网站、删除微信交易记录、隐匿证据、翻供等情况。办案人员通过对第一现场搜证的电子固证证据进行抽丝剥茧的细心分析，查出关联，通过与异地市场监管部门多方合力调查，顺利查办该案。

处理认定：当事人的行为违反了《中华人民共和国反不正当竞争法》第八条第二款的规定，番禺区市场监管局依据《中华人民共和国反不正当竞争法》第二十条第一款的规定，对当事人作出罚款20万元的行政处罚。

案例解析：

"刷单炒信"是基于虚假交易获得收益的不法行为，不仅违反了商业道德，造成不良的网络竞争环境，同时也损害了消费者和其他经营者的合法权益，破坏了市场秩序。

2024年7月1日施行的《中华人民共和国消费者权益保护法实施条例》，首次明确规定了禁止商家"刷单炒信"行为。

电子商务经营者要以诚信为本，守法经营。

消费者应主动拒绝电子商务平台提供的有偿刷单、刷好评等违法行为，共同营造安全放心的消费环境。（本案例摘自"中国品牌与防伪"公众号）

活动2　掌握电子商务客服基本技能

活动描述

作为初入职场的电子商务客户服务新手，王秀和李刚需要明确，具备必要的职业素质是职业可持续发展的保障，他们将在企业导师的指导下掌握电子商务客服的职业要求。

知识攻坚

一、电子商务客服基本技能

职业技能是指从业人员从事职业劳动和完成岗位工作应具有的业务素质，包括职业知识、职业技术和职业能力。依据国家职业资格标准，结合行业发展情况，一般认为电子商务客户服务的基本技能可以概括为以下几个方面。

（一）商品知识

客服人员和客户的沟通大部分都是围绕商品展开的，所以必须要对所销售的商品有充分、细致的了解。商品知识包括但不限于商品和竞品的基本属性、功能、特点、优势、安装使用、维护保养、注意事项等。

（二）操作技能

客服人员需熟练掌握通信工具的使用；能够熟练使用办公软件；能够熟练运用电子商务工具；还需要掌握平台规则和操作流程，以便能够高效地完成工作任务。

（三）沟通技能

客服人员需要具备良好的语言表达能力和沟通技巧，能够专业、礼貌、友好地与客户沟通交流，能够主动引导客户，能够有效地解决客户的问题，能够应对各种复杂场景和投诉。

（四）速录技能

客服人员绝大部分情况下是通过打字与客户沟通的，打字速度快可以及时响应客户疑问、提高工作效率，也更易于给客户留下良好的品牌形象。

（五）销售技能

客服人员应能够根据不同的客户类型和情绪状态，快速、准确判断客户需求，进而推荐合适的商品，提升客户消费体验，促进订单的成交，提高店铺的转化率和销售额。

二、对比电子商务客服岗位要求

4人一组合作探究，完成以下任务并将成果展示给其他同学。

（1）登录网络招聘平台（以BOSS直聘为例），搜索电子商务客服岗位。搜索电子商务客服工作岗位如图1.2.3所示。

图1.2.3　搜索电子商务客服工作岗位

（2）按照个人需求对工作岗位进行筛选。筛选搜索结果如图1.2.4所示。

图1.2.4　筛选搜索结果

（3）在搜索结果中查看不同类型店铺的职位需求信息，对比其工作内容和职业要求。相关企业对电子商务客服职业要求如图1.2.5所示。

图1.2.5　相关企业对电子商务客服职业要求

（4）通过自己的查阅和比对，请将不同类型店铺对电子商务客服的职业要求登记到电子商务客服职业要求登记表（表1.2.1）中。

表1.2.1　电子商务客服职业要求登记表

序号	店铺名称	店铺类型	岗位职责	职业要求				其他
				心理素质	团队精神	职业技能	学习与创新	

活动拓展

结合以上分析，结合个人知识技能情况分析自己的优势及存在的差距，填入电子商务客服职业要求提升计划表（表1.2.2）。

表1.2.2　电子商务客服职业要求提升计划表

序号	职业要求	优势	劣势	提升计划
1	商品知识			
2	操作技能			
3	沟通技能			
4	速录技能			
5	销售技能			

活动3　培养电子商务客服文字录入技能

活动描述

速录技能是电子商务客服人员的基本技能。王秀和李刚在客服主管的带领下，认识键盘布局，了解正确的坐姿和指法，通过打字训练软件提升文字录入技能。

知识攻坚

一、认识键盘布局

键盘是操作计算机运行的一种指令和数据输入设备。常见的键盘主要包含主键盘区、功能键区、控制键区、状态指示区及数字键区。键盘分区图如图1.2.6所示。

图1.2.6　键盘分区图

（一）主键盘区

这是使用频率最高的区域，主要包含字母键、数字（符号）键盘和控制键。其中数字键有上下两种符号，两者之间切换可以利用【Shift】+ 相应数字键完成。

（二）功能键区

键盘最上边的 Esc 键和 F1—F12 构成功能键区。Esc 键用于强行中止或退出。F1—F12 键在运行不同的软件时，被定义不同的功能。

（三）控制键区

控制键区说明如表 1.2.3 所示。

表 1.2.3 控制键区说明

序号	键名	功能
1	PrtSc	全屏截图，可粘贴到相应的程序里
2	Scroll Lock	在 Excel 中视作滚动键
3	Break	暂停 / 中断
4	Insert	在文本输入中，插入和改写间的切换。小键盘关 NUM 灯后的数字 0 功能和它一样
5	Home	将光标移动到编辑窗口或非编辑窗口的第一行的第一个字上
6	End	将光标移动到编辑窗口或非编辑窗口的第一行的最后一个字上
7	Page Up、Page Down	上面翻页
8	Delete	删除键
9	方向键	上下左右移动光标

（四）状态指示区

状态指示区在数字键区的上方，是三个状态指示灯，用于提示键盘的工作状态。其中 NmLk 是小键盘数字与方向键之间的切换。当 NmLk 指示灯亮，小键盘就是以数字的形式输入。CapsLock 是 Capitals Lock 的简写，为大小写锁定键。

（五）数字键区

数字键区也可以叫小键盘区域，每个键都具有两种功能：显示数字和移动光标。

二、掌握正确的打字姿势

正确的打字姿势归纳为"腰直、手弓、指立、弹键"，具体包含以下几点。

（1）身体坐直，双脚自然平放在地上，保持腿部舒适。

（2）手肘成 90 度角，打字时手臂自然下垂。

（3）屏幕顶部应略低于眼睛水平，以减少颈部疲劳，眼睛平视屏幕，保持 30~40 厘米的距离,每隔10分钟将视线从屏幕上移开一次。

(4)双手应放在基本键位上,其他手指自然放在相邻的键上。

三、掌握正确的指法

主键盘区有8个基准键,依次分别是:【A】、【S】、【D】、【F】、【J】、【K】、【L】、【;】。其中【F】键和【J】键分别有个小凸起,分别用于左手食指和右手食指定位,其他手指分别并列对齐自然虚放在相应键位上,两个拇指虚放在空格键上。击键时,手指自然弯曲,指关节呈微弧型,指尖虚放按键中央,轻快发力,不要长按,以免损坏键盘。基准键位如图1.2.7所示。

图 1.2.7　基准键位

十指分工如图1.2.8所示。

图 1.2.8　十指分工

四、打字练习与测速

步骤一：进入金山打字通官方网站，下载金山打字通。

步骤二：安装金山打字通，选择"新手入门"，开始进行打字练习。金山打字通练习界面如图1.2.9所示。

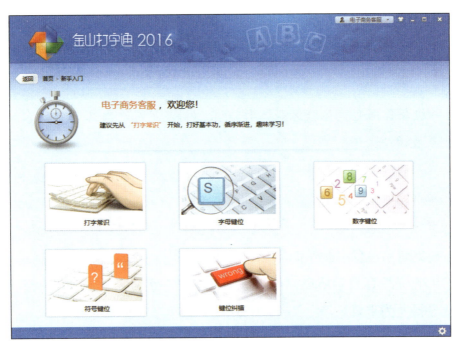

图1.2.9　金山打字通练习界面

步骤三：打字测速。选择"打字测速"，右上角可选择课程并设置时间，进行打字测速训练。打字测速如图1.2.10所示。

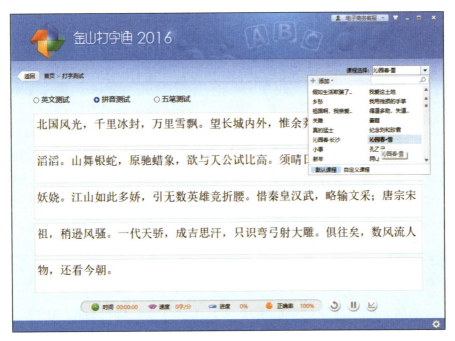

图1.2.10　打字测速

技能初探

对客服人员来说，打字是基本技能，中小企业要求打字速度在每分钟60个字以上，京东客服整体打字速度在每分钟80~120个字。

初学者在掌握基本键位后，可以尝试英文打字练习，一般每分钟120个为合格，低于这一速度的需要强化练习键位纠错。如果英文打字速度达到每分钟120个以上，可以继续进行汉字输入练习，一般每分钟60个为合格，低于这一速度需强化拼音或五笔练习。

实战演练

6位同学为一组合作探究，体验客服工作流程，制定星星之火工作室的客服工作流程，并绘制成流程图分享展示给大家。

项目提升

实训名称： 搜集商品信息，制作商品知识手册。

实训背景： 为确保教育教学质量，促进职业院校学生就业，帮助学生明确岗位技能需求，提高职业技能就显得尤为重要。

实训目的： 掌握商品信息收集方法，提升文字速录水平，养成良好工作习惯。

实训过程：

1. 结合日常生活中常见的商品，搜集如下信息：品名、品牌、价格规格、材质、颜色、卖点、使用方法、售后支持、注意事项等。

2. 利用办公软件整理搜集到的信息，制作商品知识手册。

3. 结合经营品类，参考客户关心的问题，不断丰富商品知识手册。

项目小结

通过本项目的学习，同学们体验了电子商务客服角色职责，明确了电子商务客服的职业要求，了解了从业相关法律法规及平台规则，通过实训活动，培养了文字速录技能、信息搜集和整理能力，提升了电子商务客服操作技能。

项目反馈

展示商品知识手册，谈谈搜集信息的方法、工具，分享整理信息的思路，利用学习评价反馈表（表1.2.4）进行成果评价和反馈。

表 1.2.4 学习评价反馈表

小组名称			小组成员				
项目	评价项目	评价内容	评价维度				
			自我评价/25%	队员评分/25%	组间评分/25%	教师评价/25%	总分/100%
搜集商品信息，制作商品知识手册	知识学习	1. 能准确说出描述商品信息的关键指标。（15分） 2. 能准确说出商品信息搜集的方法及工具。（15分）					
	技能训练	1. 能流畅使用互联网进行信息搜集。（10分） 2. 能快速录入商品信息相关资料，制作商品知识手册。（10分） 3. 能够结合客户关心的问题丰富商品知识手册。（20分）					
	素养提升	1. 按时上下课，并按照要求完成课前作业、预习、课后作业。（10分） 2. 学习态度端正，积极参与课堂活动，遵守学习和实训场室管理规定。（10分） 3. 学习实践中，提升遵纪守法、诚实守信和团队协作精神。（10分）					
	学习收获						
	完善提高						

项目 2

操作篇：电子商务平台操作入门

项目情境

创新驱动发展 弘扬工匠精神

我国正处在实现中华民族伟大复兴的关键时期，经济社会的快速发展对高素质技术技能人才的需求日益增长。党的二十大提出的弘扬工匠精神、推进职业教育创新发展的战略指引，为新时代职业教育发展提供了明确的方向。在此背景下，本项目旨在通过校企合作，深化产教融合，培养学生的爱岗敬业精神，提升专业技能和创新应用能力，助力学生实现职业生涯的稳健发展和创新能力的持续提升。

王秀、李刚以及星星之火工作室的另一名成员，共同组成了一个充满活力和创造力的合作团队——服务先锋。在互联网协会的大力支持下，这个团队近期参与了一场名为"网络商务服务革新挑战"的大型活动。这次活动提供了一个与业界精英和企业导师深入交流的平台，使他们能够共同探讨主流电子商务平台当下的机遇和电子商务客服的未来发展趋势。

学习目标

知识目标：
1. 熟知主流电子商务平台对客服的要求，比较各平台特点，总结服务技巧
2. 掌握主流电子商务平台客服工具的使用
3. 熟悉主流电子商务平台订单管理工具、物流跟踪工具
4. 掌握处理物流异常信息的方法

能力目标：
1. 提升服务标准、沟通技巧和问题解决能力
2. 能够熟练运用客服工具，提高服务效率
3. 能够灵活运用应对技巧，提升客户满意度

素质目标：
1. 培养学生爱岗敬业的职业精神和良好的服务和责任意识

项目 2　操作篇：电子商务平台操作入门

2. 提升问题解决能力，能够快速识别客户问题，并提供合适的解决方案
3. 提高团队合作能力，共同协作处理客户问题，提高工作效率

思维导图

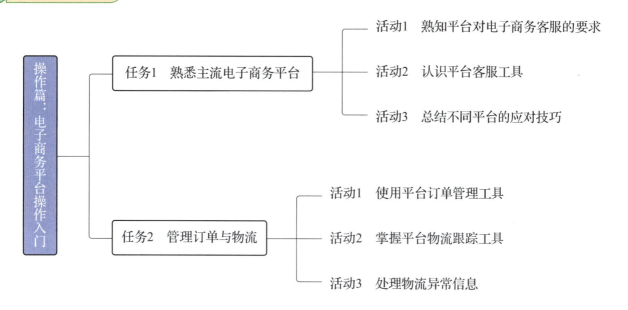

任务 1　熟悉主流电子商务平台

任务导入

随着互联网技术的飞速发展，电子商务行业呈现出多元化、个性化的特点，淘宝、京东、拼多多等电商平台应运而生。王秀、李刚需要了解这些平台各自的特点和客户群体。在刘老师的指导下，他们明白了客服人员作为连接商家与客户的桥梁，需要针对不同平台的特点和客户需求，采取相应的服务策略，以提高客户满意度。

任务分解

如果想更好地理解不同电子商务平台客服系统的特点并掌握应对各种情况的技巧，团队成员需要在实际操作中深入了解每个平台提供的客服工具，注意记录它们在功能、操作流程的不同点。通过这样深入地研究和分析，能根据每个平台的特点来制定更有效的服务策略和技巧，从而提供更加贴心的客户服务。

活动1 熟知平台对电子商务客服的要求

活动描述

在本活动中，王秀、李刚将深入探讨淘宝、京东、拼多多等主流电子商务平台对电子商务客服的具体要求。通过对比不同平台的服务标准、沟通技巧和问题解决能力等方面的要求，更全面地了解电子商务客服的职业特点和技能要求。

知识攻坚

平台客服应该具备的能力

平台客服主要处理一对一的客户服务问题，虽然他们的回答和服务质量影响的是个别用户的满意度，但也需要通过优质的服务和专业的解答，满足客户需求并维护平台的良好形象。

（一）服务态度

电子商务客服应始终保持积极的服务态度，对待每一位客户都要充满热情和耐心。在沟通过程中用温馨、亲切的语言与客户互动，营造愉快的购物环境。在处理客户问题时，电子商务客服应从客户的角度出发，充分理解客户的需求和困扰，以人性化的服务赢得客户的信任和满意度。

（二）心理素质

电子商务客服在处理复杂客户情况时，需保持冷静的头脑，客观分析问题，提出合理的解决方案。在面对突发事件和客户投诉时，电子商务客服需要具备迅速应对的能力，灵活调整服务策略，有效应对各种客服场景，确保客户满意。

（三）客户关系管理

电子商务客服应具备敏锐的洞察力，通过倾听、关心客户的需求，提供个性化服务，赢得客户的信任和忠诚。例如，客户在讨价还价时，说明他有购买欲望，客服可以借此机会引导交易成功，提出更实惠的组合套餐，或舒缓地引导客户，而不是直接拒绝。

（四）规则理解与处理

电子商务客服需要熟知平台的规则和制度，以便在处理问题时能够运用规则保护商家和客户的权益。在遇到恶意买家时，电子商务客服应根据规则有效应对，避免不必要的损失。

直通职场

（1）淘宝电子商务平台对客服的要求，如表2.1.1所示。

项目 2 操作篇：电子商务平台操作入门

表 2.1.1 淘宝电子商务平台对客服的要求

序号	能力要求	具体做法
1	产品知识	需要对店铺销售的商品有全面深入的了解，包括商品特点、用途、材质、尺码等详细信息
2	沟通技巧	具备优秀的沟通能力，能够用礼貌、亲切的语言与客户沟通，确保信息传达的准确性和有效性
3	服务态度	保持耐心和热情，即使在面对挑剔或不满的客户时也能保持专业素养，提供解决问题的方案
4	解决问题	能够快速识别客户问题并提供合适的解决方案，比如退换货流程、售后服务等
5	订单管理	熟悉淘宝的订单处理流程，包括订单查询、修改、取消等操作
6	物流跟踪	了解如何使用淘宝的物流工具，为客户提供实时的物流信息更新
7	风险控制	具备一定的风险防范意识，对可能出现的交易风险能够及时发现并处理

（2）京东电子商务平台对客服的要求，如表 2.1.2 所示。

表 2.1.2 京东电子商务平台对客服的要求

模块	能力要求	具体做法
服务规范	服务语言规范	在回复过程中，应使用专业和规范的语言。避免使用亲、亲亲等非正式的词汇，应使用您好、请问等正式的问候和疑问方式
服务规范	客户关系管理	不无故拉黑、威胁、谩骂客户；不得泄露他人信息；不得违背承诺。禁止在京东上发送第三方平台的关键字、图片、链接等，如支付宝、微信号、淘宝图标、拼多多宝贝链接等
服务规范	提升客户满意度	对话结束时，客服应立即点击咚咚窗口对用户进行邀评，以提高客户对客服和店铺的满意度
服务规范	快速响应	客服应确保快速响应客户的问题，提供及时的帮助。这不仅可以提高客户满意度，还可以为店铺带来更多的信任
日常工作	解决售前咨询	作为客服，需要对客户在购买前的所有咨询问题进行解答。这不仅包括产品信息，还包括物流、售后服务等。客服应确保提供准确、及时的信息，帮助客户做出购买决策
日常工作	掌握发货时效	了解并掌握当前的发货时效和速度对客服来说至关重要。特别是在特殊时期，如节假日、促销活动等，客服需要知道可能的延误情况，并提前告知客户，以避免不必要的误会
日常工作	配合售后处理	客服不仅要处理客户在购买过程中的问题，还要解决购买后的售后问题。这包括退换货、退款等。客服应熟悉售后流程，能够快速、有效地解决客户的问题
日常工作	粉丝日常维护	与店铺粉丝保持日常沟通，维护良好的客户关系。这有助于提高客户的忠诚度，促进复购率

续表

模块	能力要求	具体做法
客服标准	熟悉京东规则	了解并熟悉京东平台的规则和制度,避免因规则问题导致店铺受罚。客服应了解包括但不限于商品发布规则、交易规则、评价规则等
客服标准	熟悉产品知识	深入了解自家产品,明确产品优势。客服应熟悉产品的特点、功能、使用方法等,以准确回答客户的问题
客服标准	熟悉后台流程	熟练掌握京东平台的后台操作流程,提高工作效率。这包括订单管理、物流跟踪、售后服务等
客服标准	客户日常维护	通过回访和节日祝福等方式,维护与客户的日常关系。这有助于提高客户的忠诚度,促进复购率
综合素质	保持良好心态	面对比较较真的客户,保持良好心态,不影响工作态度。客服应学会情绪管理,保持冷静和专业
综合素质	良好职业素质	展现良好的职业素养,为客户提供专业、贴心的服务。这包括语言表达、沟通能力、问题解决能力等

(3)拼多多电子商务平台对客服的要求如表2.1.3所示。

表2.1.3 拼多多电子商务平台对客服的要求

序号	能力要求	具体做法
1	价格敏感度	拼多多平台价格竞争激烈,客服需要对价格调整和优惠活动有较高的敏感度
2	熟悉活动规则	熟悉拼多多平台的各种促销活动和规则,能够向客户解释清楚
3	了解客户心理	了解拼多多用户的消费心理,能够针对性地提供服务和促销信息
4	提高服务意识	在提供基础服务的同时,能够注意到客户的潜在需求,提供增值服务
5	问题解决能力	对客户的问题能够灵活应对,提供创新性解决方案,提升客户满意度
6	订单管理能力	掌握拼多多的订单流程,包括订单咨询、售后处理等环节

小试牛刀

请同学们根据以下案例分析的内容,根据各个电子商务平台对客服的要求,归纳总结电子商务客服的职业特点和技能要求。

案例分析

客户咨询产品信息

分析:当客户对某款产品提出咨询时,客服需要提供详尽的产品信息,包括功能、价格、优惠活动等,帮助客户做出明智的购买决策。

示例:假设客户对京东平台上的一款华为最新发布的智能手机感兴趣,询问该手机的具体配置和性能。作为客服,应该详细了解该手机的技术参数,如处理器型号、内存大小、摄像头像素、电池容量、操作系统版本等,并准确、全面地回答客户的问题。

项目2 操作篇：电子商务平台操作入门

例如，客服可以这样回复客户："尊敬的客户，您好！您询问的这款华为智能手机搭载了麒麟9000处理器，拥有8 GB的运行内存和256 GB的存储空间，主摄像头为50 MP，前置摄像头为24 MP，电池容量为4 400 mAh，支持66 W有线快充和50 W无线快充，操作系统为基于Android 10的EMUI 11系统。目前该手机正在参加我们的限时优惠活动，购买即可享受200元的优惠。如果您有任何其他问题，请随时告诉我，我会尽快为您解答。"

技 能 初 探

分组讨论，6位同学一组合作探究，讨论下列不同情景之下作为客服人员应该具备什么技能，并开展角色扮演以下场景。

1. 售前咨询

场景一：客户询问手机价格和优惠活动。

学生A（客户）：你好，我想问一下这款华为手机的价格和有什么优惠活动。

学生B（客服）：您好，这款华为手机目前售价为3 999元，现在购买可以享受10元的优惠，同时我们还赠送一年的碎屏保修服务。此外，如果您现在下单，我们还会额外赠送一款价值100元的原装保护套。

场景二：客户询问手机配置。

学生A（客户）：这款手机的配置怎么样？

学生B（客服）：这款华为手机搭载了麒麟9000处理器，拥有8 GB的运行内存和256 GB的存储空间，主摄像头为50 MP，前置摄像头为24 MP，电池容量为4 400 mAh，支持66 W有线快充和50 W无线快充，操作系统为基于Android 10的EMUI 11系统。此外，这款手机还支持5 G网络，可以提供更快的上网速度。

2. 售后处理

场景一：客户反映商品损坏。

学生A（客户）：我收到手机发现屏幕有划痕，该怎么办？

学生B（客服）：非常抱歉给您带来不便，请您提供一下订单号和收货时的包裹情况，我们会尽快为您安排换货。您是否需要我们为您提供寄回的包装和运费？

场景二：客户询问退货流程。

学生A（客户）：我想退货，请问退货流程是怎样的？

学生B（客服）：退货流程非常简单，请您登录您的京东账户，进入我的订单，选择退货退款，按照提示操作即可。如果您需要帮助，可以随时联系我们的客服。此外，退货后请注意查收您的退款，一般会在7个工作日内到账。如果您有任何疑问，我们随时为您解答。

活动2　认识平台客服工具

活动描述

王秀、李刚在刘老师的指导下熟知了各主流电子商务平台对客服的要求，接下来他们将学习主流电子商务平台的客服工具，如旺旺、京东咚咚、拼多多客服工作台等。通过实际操作和案例分析，掌握如何高效地使用这些工具，提高客户服务的质量和效率。

知识攻坚

一、主流电子商务平台客服工具

主流电子商务平台，如淘宝/天猫、京东、拼多多等，均有各自的客服系统或主推客服工具，同时也支持接入第三方客服工具以提升服务效率和质量。

（一）淘宝/天猫：千牛工作台

淘宝和天猫商家通常使用的是阿里的千牛工作台。千牛集成了客服接待、订单管理、商品上架、数据分析等多种功能，是商家日常运营的重要工具。此外，商家还可以选择接入如微快聊等第三方客服辅助工具来提升回复速度和服务质量。

（二）京东：咚咚工作台

咚咚工作台起初是作为一个即时通信工具，供京东商家客服团队与客户之间进行沟通交流，确保客户服务的即时性。后来京麦工作台与咚咚进行了功能上的融合或集成，使商家可以在同一工作界面下处理客服沟通和其他运营任务，实现了更高效的一站式管理。

（三）拼多多：内置客服系统

拼多多商家需要通过后台设置子账号，为客服人员分配"在线客服"的权限来管理客服工作。虽然拼多多有自己的客服系统，商家也可以考虑使用第三方工具来优化客服效率，但具体推荐的工具可能随时间和市场变化而有所不同。

二、千牛工作台

（一）千牛工作台的高效使用

1. 快捷回复

快捷回复是千牛工作台的一个基本功能，它可以使客服在处理客户咨询时，能够快速地响应客户。为了更好地使用快捷回复，商家可以针对常见的客户问题，提前准备好相应的回复语，并将这些回复语进行分类，例如产品介绍、售后服务、物流问题等。

2. 智能机器人

千牛工作台内置的智能机器人可以根据商家设置的规则，自动识别客户提问并给出答案。商家可以根据客户提问的常见问题，设置智能机器人的回答规则；结合人工客服，对智能机器人的回答进行监督和调整，确保回答的准确性。

3. 订单管理

千牛工作台提供了实时的订单管理功能，商家可以通过它快速处理订单问题。为了更好地使用订单管理功能，商家可以实时关注订单状态，一旦发现异常，立即处理；对常见的订单问题，提前准备好相应的解决方案；定期对订单数据进行分析，以便更好地了解客户需求。

4. 商品上架

千牛工作台提供了方便的商品管理功能，商家可以通过它快速上架新品。为了更好地使用该功能，商家可以提前准备好商品信息，包括商品描述、价格、库存等；利用千牛工作台的批量上传功能，一次性上传多件商品；定期检查商品信息，确保信息的准确性和及时性。

5. 数据分析

千牛工作台提供了数据分析功能，商家可以通过它了解店铺运营情况，为客户提供个性化的服务。为了更好地使用该功能，商家可以定期查看店铺运营数据，包括转化率、客单价等；根据数据分析结果，调整营销策略和客户服务策略，不断优化产品和服务，提高客户满意度。

（二）第三方工具的应用

一些第三方工具可以很好地辅助千牛工作台的使用，用于提高工作效率和售后服务等。千牛工作台第三方工具应用表如表 2.1.4 所示。

表 2.1.4　千牛工作台第三方工具应用表

序号	工具名称	工具简介
1	微快聊	是一款实用的客服辅助工具，它可以帮助商家实现多渠道接入，如微信、QQ等。为了更好地使用微快聊，商家可以确保微快聊与千牛工作台等其他客服工具的兼容性；定期对微快聊进行维护和升级，以保证其正常运行
2	自动催付工具	自动催付工具可以帮助商家提高订单成交率。为了更好地使用自动催付工具，商家可以设置合理的催付规则，例如在订单付款截止时间前进行催付；定期检查自动催付工具的运行情况，确保其正常工作；结合人工客服，对催付效果进行监测和评估
3	售后服务工具	售后服务工具可以帮助商家快速处理客户退款、退货等问题。为了更好地使用售后服务工具，商家可以设置合理的售后服务规则，确保客户在购买过程中能够得到及时的售后支持；定期检查售后服务工具的运行情况，确保其正常工作；结合人工客服，对售后服务效果进行监测和评估

三、咚咚工作台

（一）客户服务自动化

1. 智能机器人回复

利用咚咚工作台内置的智能机器人，为常见问题提供自动回复。通过自然语言处理技术，机器人可以理解客户的意图并给出恰当的回答。

2. 工单系统

通过咚咚工作台的工单系统，将客户的问题标准化处理，确保每个问题都得到适当的关注和解决。工单系统可以追踪问题的状态，确保问题得到及时解决。

（二）订单和售后流程优化

1. 订单智能处理

利用咚咚工作台的数据分析能力，自动处理订单流程中的重复性任务，如自动确认收货、自动生成发货单等。

2. 售后流程标准化

建立标准化的售后流程，确保每个售后问题都按照既定步骤处理，减少错误和重复工作。

（三）客户数据分析

1. 客户行为分析

通过咚咚工作台，可以收集到大量的客户行为数据，如访问时间、访问次数、页面停留时间等。这些数据可以帮助深入了解客户的购买习惯和咨询偏好。

2. 客户反馈分析

客户反馈是衡量客服人员服务质量的重要指标，也是改进服务的重要依据。定期收集并分析客户的反馈和评价，识别服务中的不足，并据此调整服务策略。

（四）智能化客户服务

1. 客户意图识别

客户意图识别是利用大数据和机器学习技术，通过分析客户的语言和行为，识别客户的意图。通过这种方式，精准地理解客户的需求，并提供更加精准的服务。

2. 个性化推荐

个性化推荐是根据客户的历史购买记录和咨询记录，以及他们的兴趣和需求，提供个性化的商品推荐和服务建议。通过这种方式，更好地满足客户的需求，提高他们的满意度和忠诚度。

四、拼多多内置客服系统

（一）高效使用拼多多内置客服系统

1. 子账号权限管理

商家可以通过拼多多后台创建多个子账号，并为不同职能的客服人员（如售前咨询、售后支持、物流跟踪等）分配相应的权限。这种精细化的权限管理有助于确保客服人员专注于各自的业务领域，从而提高服务专业性和效率。例如：某拼多多商家创建了三个子账号，分别负责售前咨询、售后支持和物流跟踪。

2. 客服工作台集成

拼多多内置客服工作台集成了实时咨询和订单处理功能，使客服人员可以在单一界面上处理客户问题和订单事务，从而提高工作效率。例如：某拼多多商家使用内置的客服工作台，客

项目 2　操作篇：电子商务平台操作入门

服人员可以同时处理多个咨询，并且可以实时查看订单状态，快速响应用户的需求。

（二）第三方工具的整合应用

拼多多的商家可以利用第三方工具，提高客服机器人效率、绩效管理和团队协作。拼多多工作台第三方工具应用表如表 2.1.5 所示。

表 2.1.5　拼多多工作台第三方工具应用表

序号	工具名称	工具简介
1	智能客服机器人	商家可以引入第三方智能客服机器人工具，如智谱清言等，以实现对常见问题的自动回复，从而减轻客服人员的工作负担，提高服务效率
2	客服绩效管理系统	商家可以利用第三方客服绩效管理系统，如客服云等，设定绩效考核指标，如响应时间、问题解决率等，以激发客服人员的工作积极性，提升服务质量
3	团队协作工具	商家可以利用第三方团队协作工具，如钉钉等，实现客服团队间的信息共享和任务分配，提高团队协作效率。例如：某拼多多商家引入团队协作工具后，客服团队可以实时共享客户信息和经验，这提高了团队的整体协作效率

案 例 分 析

1. 京东商家售后问题分析

假设某京东商家在处理售后问题时，发现退款申请的比例较高。为了解退款的原因，商家使用咚咚工作台的数据分析工具对售后数据进行了深入分析。通过分析，商家发现退款的主要原因之一是"商品描述不符"。这表明商家在商品描述方面可能存在不准确或误导性的信息，导致客户在收到商品后感到失望并选择退款。

2. 物流跟踪信息问题解决：另一京东商家在使用咚咚工作台的工单系统时，发现一个常见的问题是"物流跟踪信息不更新"。这导致了客户对订单的配送进度感到困惑和担忧。

行 业 观 察

京东商家通过咚咚工作台数据分析，发现问题一：退款主因是商品描述不符。需采取优化商品描述、加强售前客服培训等措施，减少退款并提升客户满意度。发现问题二：物流跟踪信息不更新问题，导致客户困扰。需采取与物流公司沟通、改进客户沟通策略和优化物流信息跟踪系统等措施解决。

活动3　总结不同平台的应对技巧

活 动 描 述

不同的电子商务平台具有不同的特点和客户群体。王秀、李刚在工作之余将对比各平台的特点，总结出一套应对不同客户群体的技巧，并将应对技巧运用到工作室实际客服工作中，以提升服务质量。

知识攻坚

一、主流电子商务平台的客户群体特点

（一）拼多多平台

1. 客户群体对价格更敏感

拼多多客户对价格非常敏感，追求性价比，对低价格的商品有较大需求。

2. 平台特点

拼多多采用社交电子商务模式，鼓励客户分享和推荐商品。拼多多平台上农产品和日用品较多，满足家庭日常需求。

（二）淘宝平台

1. 客户群体更年轻化

他们通常更注重价格和购物体验，倾向于选择个性化的商品和服务；更愿意尝试新品牌和新款式，并且对社交媒体和口碑的影响更加敏感。

2. 平台特点

淘宝平台对比拼多多来说，高客单价商品较多，如电子产品、服装等。淘宝平台商品种类繁多，提供了海量的商品选择，客户往往需要货比多家，需要花费更多时间筛选商品。

（三）京东平台

1. 客户群体更注重品质

京东客户更注重商品的细节和质量，对品牌的信誉和口碑更加看重。

2. 平台特点

京东定位中高端市场，数码产品、智能家电等类目有优势，提供快速的物流服务，客户对物流速度有较高期待。

二、主流电子商务平台的应对技巧

主流的电子商务平台，都有各自的客户群体和优势，针对不同的平台特点，分别制定了不同的应对技巧。主流电子商务平台的应对技巧如表 2.1.6 所示。

表 2.1.6　主流电子商务平台的应对技巧

平台	平台特点	应对技巧
拼多多	价格敏感的用户群体	强调价格优势、推送限时优惠、团购等促销活动
	社交电子商务模式	鼓励用户参与拼团活动
	农产品和日用品为主	主推物美价廉、丰富多样的农产品和日用品
淘宝	面向年轻化用户群体	表达简洁明了，杜绝模棱两可、啰唆不清晰的表述，适当可以使用个性化语言风格
	高客单价商品	强调商品的优势及价值，并提供详细的商品描述
	海量商品选择	巧妙引导客户快速做出决策

续表

平台	平台特点	应对技巧
京东	面向注重品质的用户群体	强调商品的品质保证和品牌优势,提供正品验证信息
	快速物流服务	实时更新物流信息,确保客户了解商品的配送状态
	中高端市场定位	标准化服务,确保客服解答准确、专业,且熟悉商品

直通职场

假设一家服装店铺在淘宝、京东和拼多多等主流电子商务平台上都开设了网店。现针对不同平台客户群体的商品咨询,客服人员可以分别采用以下几点应对技巧。

(1)淘宝客户。

客户咨询:"你好,这款衣服看起来很好看,但我不知道适不适合我。"

客服回复:"您好,这款衣服非常适合您!它采用了舒适的面料,款式时尚,可以搭配各种风格。如果您担心尺码问题,我们提供7天无理由退换货服务,您可以放心购买。"

(2)京东客户。

客户咨询:"你好,我想了解一下这款衣服的材质和洗涤方式。"

客服回复:"您好,这款衣服采用了高品质的面料,手感柔软舒适。洗涤时建议手洗或使用温和的洗涤剂,避免使用热水和强力机洗。如果您有任何疑问,我们的专业客服团队将随时为您解答。"

(3)拼多多客户。

客户咨询:"你好,这款衣服的价格是多少?"

客服回复:"您好,这款衣服目前正在进行特价活动,价格为99元。如果您现在下单,还可以享受满99元减10元的优惠,实际支付金额为89元。这款衣服的性价比非常高,非常适合您。"

实战演练

场景一:淘宝客户咨询个性化需求。

客户:你好,这款衣服的颜色看起来很特别,但我担心穿上身效果不好。

客服:您好,这款衣服的设计确实非常独特,颜色的搭配也很抢眼。为了帮助您更好地了解上身效果,我建议您可以搭配我们的牛仔裤或者半身裙,这样会显得更有个性。另外,如果您有其他搭配需求,可以随时告诉我,我会为您提供更多的建议。

场景二:京东客户关注商品品质。

客户:你好,我想了解一下这款手机的电池续航能力。

客服:您好,这款手机采用了先进的电池技术,电池续航能力非常强。根据官方测试,正常使用情况下,可以连续使用一天以上。此外,我们还提供了正品验证服务,确保您购买的商品是正品。如果您有任何疑问,我们的专业客服团队将随时为您解答。

场景三：拼多多客户关注价格和性价比。

客户：你好，这款电视的价格是多少？

客服：您好，这款电视目前正在进行特价活动，价格为 2 999 元。如果您现在下单，还可以享受满 2 999 元减 300 元的优惠，实际支付金额为 2 699 元。这款电视的性价比非常高，非常适合您的家庭使用。此外，我们还提供了限时优惠活动。如果您有其他需求，可以随时告诉我，我会为您提供更多的优惠信息。

实战演练规则：

1. 角色扮演：参与演练的客服人员和客户需要进行角色扮演，模拟真实的客户服务场景。
2. 场景设置：根据不同电子商务平台的特点进行设定，包括淘宝、京东、拼多多等。
3. 沟通方式：客服人员应根据不同场景和客户需求，采用合适的沟通方式和语言风格，如活泼、幽默、专业、严谨等。
4. 问题解决：客服人员应针对客户提出的问题，提供准确、及时的回答和解决方案。
5. 时间限制：每个实战演练场景的模拟时间限制为 3 分钟，确保演练的紧凑性和高效性。

评分标准： 实战演练评分表（表 2.1.7）。

表 2.1.7 实战演练评分表

序号	评价项目	分值	说明
1	沟通技巧	20	评估客服人员在沟通中的语言表达、语气、语速、倾听能力等
2	问题解决	40	评估客服人员对客户问题的理解程度、回答的准确性、提供的解决方案的有效性
3	客户满意度	20	评估客服人员是否能够满足客户的需求，提供满意的购物体验
4	专业知识	10	评估客服人员对商品、平台特点和客户群体的了解程度
5	整体表现	10	评估客服人员在实战演练中的整体表现，包括仪态、态度、专业素养等
合计		100	

任务 2　管理订单与物流

任务导入

随着电子商务业务的发展，订单管理和物流跟踪成为电子商务运营中不可或缺的环节。王秀、李刚希望通过订单管理工具提高订单处理的效率和准确性，通过物流跟踪工具实时监控订单状态，以提升客户满意度。然而，在实际运营中，物流异常情况难以避免，如何处理这些情况，提高客户满意度，成为电子商务企业面临的一大挑战。

项目 2　操作篇：电子商务平台操作入门

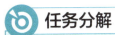

任务分解

如果想要提升客户满意度，就要通过学习主流电子商务平台的订单管理工具和物流跟踪工具的功能与操作流程，理解其重要性。然后了解如何更新物流状态、主动沟通解决物流问题，以及如何利用物流跟踪工具改善客户关系等。

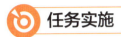

任务实施

活动1　使用平台订单管理工具

活动描述

主流电子商务平台的订单管理工具，如淘宝的订单管理页面、京东的订单中心等。王秀、李刚将学习查看订单状态、处理订单问题、修改订单信息等操作，以确保订单处理的准确性和及时性。

知识攻坚

一、订单管理系统的功能

（一）订单管理系统的核心功能

订单管理系统是现代企业运营的重要工具，它通过整合销售、采购、库存和财务流程，提高了业务效率和准确性。主要功能包括销售管理、采购管理、库存管理和财务管理。

1. 销售管理

销售管理是订单管理系统的前端，客服人员依据客户需求生成报价单，并通过系统将报价单发送给客户。一旦客户确认订单，系统将创建销售订单，并自动传递给后端采购模块。

2. 采购管理

采购管理是负责原材料和商品的供应，不仅处理采购申请和采购订单的生成，还涉及物资的入库管理。通过采购管理，企业能够实现成本的有效控制，优化供应链，增强竞争力。

3. 库存管理

库存管理是确保电子商务运营顺畅的核心。它不仅记录库存的数量，还包括定期的库存盘点，以保证系统记录与实际存货的一致性，避免过度库存和缺货的情况。

4. 财务管理

财务管理是负责记录和分析企业的财务活动，为企业提供财务状况的清晰视图。进而企业能够监控资金流，确保经营的稳定性，并为决策制定和未来规划提供数据支持。

（二）订单管理系统的定制化与拓展功能

1. 定制功能的重要性

在实际的电子商务运营中，不同的企业有各自独特的业务流程和需求。因此，订单管理系统必须具备高度的灵活性和可定制性，以适应不同企业的特定要求。

2. 拓展功能的必要性

企业的需求并非一成不变，随着商业环境的不断变化，企业的业务模式和运营策略也会随之调整。因此，订单管理系统需要具备拓展功能，即自定义能力，以便在需求发生变化时，能够快速适应并满足新的业务需求。

二、订单管理操作流程

客服人员需要及时跟进和处理客户的问题，包括订单状态、商品质量、物流信息等方面的咨询和投诉，主流电子商务平台的订单管理一般按照以下几个操作流程。

步骤一：登录电子商务平台后台。登录电子商务平台的后台管理页面，可以选择淘宝、京东等主流电商平台，根据实际需求选择对应的管理平台进行操作。

步骤二：查找订单管理模块。在电子商务平台后台找到订单管理模块。该模块通常位于后台左侧菜单栏或者顶部菜单栏，以便快速访问。

步骤三：查看订单状态。在订单管理模块中，客服人员可以查看订单的状态，包括已下单、待发货、已发货、待收货、已完成等。可以通过输入订单号、客户手机号等关键词进行查询，也可以通过筛选条件进行筛选，以便快速找到所需的订单。

步骤四：处理订单问题。在订单管理模块中，客服人员可以处理常见的订单问题，如商品质量问题、价格争议、物流问题等。客服人员需要熟悉平台的退换货政策，并能够为客户提供有效的解决方案。

步骤五：修改订单信息。在订单管理模块中，客服人员可以修改客户的订单信息，如收货地址、联系方式、商品数量等。例如，当有客户在订单确认后发现收货地址错误时，客服人员可以及时修改订单信息，确保货物能够准确送达客户手中。

（一）千牛工作平台订单管理操作流程

步骤一：通过账号密码或APP扫码登录进入千牛工作平台。千牛工作平台登录页面如图2.2.1所示。

图 2.2.1　千牛工作平台登录页面

步骤二：找到交易模块，单击交易模块下的子菜单——订单管理。千牛工作平台首页（订单管理页面）如图 2.2.2 所示。

图 2.2.2　千牛工作平台首页（订单管理页面）

步骤三：单击订单管理下的已卖出的宝贝页面，可以查看商品详情。千牛工作平台订单管理页面（已卖出的宝贝）如图 2.2.3 所示。

图 2.2.3　千牛工作平台订单管理页面（已卖出的宝贝）

（二）京麦工作平台订单管理操作流程

步骤一：通过账号密码或 APP 扫码登录进入京麦工作平台。京麦工作平台登录页面如图 2.2.4 所示。

图 2.2.4　京麦工作平台登录页面

步骤二：找到订单管理模块，单击订单管理下的子菜单——订单列表，进入订单列表页面。京麦工作平台首页如图 2.2.5 所示。

图 2.2.5　京麦工作平台首页

步骤三：在订单列表页面可以查看商品详情。京麦工作平台订单列表页面（待出库）如图 2.2.6 所示。京麦工作平台订单列表页面（出库页面）如图 2.2.7 所示。京麦工作平台订单列表页面（已出库）如图 2.2.8 所示。

图 2.2.6　京麦工作平台订单列表页面（待出库）

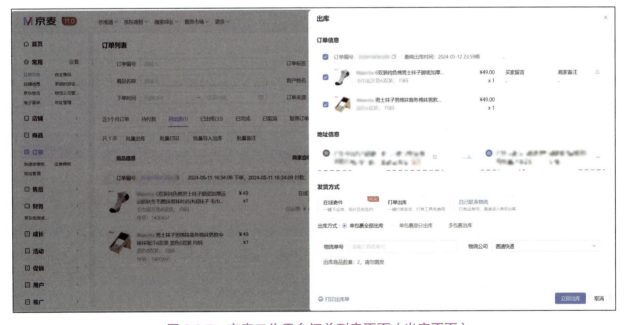

图 2.2.7　京麦工作平台订单列表页面（出库页面）

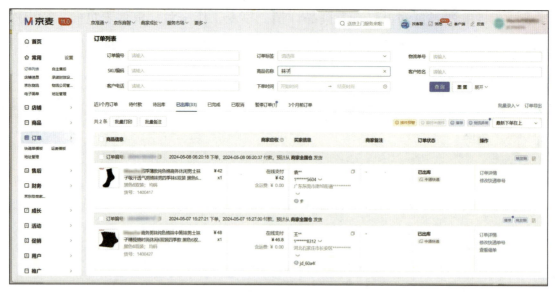

图 2.2.8　京麦工作平台订单列表页面（已出库）

头脑风暴

6 位同学一组合作探究，根据以下提供的案例信息，分组讨论 A 公司订单处理效率低下的原因有哪些，有没有更好的办法可以解决这种现象，最终完成 A 公司订单处理效率低下原因分析表（表 2.2.1）的填写。

案例分析

A 公司作为一家代理食品品牌的大型批发商，在业务扩张的过程中遭遇了订单管理的难题。随着订单量的激增，员工们疲于应对，手动将客户订单信息录入 Excel 表格进行整理，这一过程不仅要处理大量的订单，还需要不停查询相关记录，以确保信息的准确性和完整性。然而，由于订单量庞大，且价格体系复杂多变，员工在处理订单时出现疏漏，错单、漏单现象时有发生。此外，订单处理效率低下，使业绩统计无法及时进行，老板无法实时全盘掌握经营数据，这无疑给公司的决策带来了不便。客服人员也因为订单处理不规范，对账工作烦琐且耗时，客服质量受到了影响，增加了客户的不满。财务人员更是因为对账困难而苦不堪言，因为对账工作往往需要花费大量的时间和精力。这种手动处理订单的模式严重制约了 A 公司的业务发展，暴露了传统订单管理模式的痛点。因此，A 公司亟须引入专业的订单管理软件，以优化订单处理流程，提高订单处理的效率和准确性。通过订单管理软件，可以实现订单的自动录入、查询和统计，减少人工操作的误差。

表 2.2.1　A 公司订单处理效率低下原因分析表

序号	A 公司订单处理效率低下的原因	解决办法
1		
2		
3		

项目 2　操作篇：电子商务平台操作入门

活动2　掌握平台物流跟踪工具

活动描述

王秀、李刚在工作室企业导师的带领下，将深入了解主流电子商务平台的物流跟踪工具，如淘宝的物流详情页面、京东的物流查询功能等。通过实时跟踪订单物流信息，王秀、李刚可以及时告知客户订单状态，解决客户的疑虑和担忧。

知识攻坚

一、电子商务平台物流跟踪工具概述

电子商务平台的物流跟踪工具是电子商务运营的重要组成部分，它们可以实时跟踪订单状态和物流信息，帮助商家解决客户的疑虑和担忧。

（一）主流电子商务平台的物流跟踪工具

1. 淘宝物流详情页面

淘宝的物流详情页面是卖家与买家共同使用的工具，用于跟踪订单的物流状态，如图2.2.9所示。在该页面上，用户可以查看包裹的各个阶段状态，如揽收、在途、派送和签收。此外，页面还提供预计送达时间和快递公司联系方式。卖家通过这个工具可以方便地管理和查询物流信息，并及时更新买家关于订单进展的信息。

图 2.2.9　淘宝的物流详情页面

2. 京东物流查询功能

京东为卖家提供物流查询功能，该功能允许卖家实时监控订单的物流状态。京东的物流详情页面如图 2.2.10 所示。卖家在订单详情页面输入运单号或订单编号，系统将自动显示实时的

物流动态更新，包括包裹的揽收、在途、派送和签收等状态信息。此外，卖家还可以通过该功能查看包裹的运输路线和预计送达时间，从而更好地管理物流信息，及时了解订单的进展情况，并及时更新订单进展信息。

图 2.2.10　京东的物流详情页面

二、主流电子商务平台物流跟踪工具的应用

（一）淘宝物流详情页面的应用方法

步骤一：登录卖家中心。首先，客服人员需要登录千牛工作平台。千牛工作平台登录页面如图 2.2.11 所示。

图 2.2.11　千牛工作平台登录页面

步骤二：找到订单。在卖家中心，找到需要查询物流信息的订单。千牛工作平台订单详情状态页面如图 2.2.12 所示。

图 2.2.12　千牛工作平台订单详情状态页面

步骤三：查看物流详情。单击订单详情页中的具体订单的"详情"。千牛工作平台物流详情页面如图 2.2.13 所示。

图 2.2.13　千牛工作平台物流详情页面

步骤四：联系快递公司。如果物流信息显示异常或包裹长时间未更新，可以联系快递公司解决问题。

（二）京东物流查询功能的应用方法

步骤一：登录卖家中心。首先，卖家需要登录京麦工作平台。京麦工作平台登录页面如图 2.2.14 所示。

图 2.2.14　京麦工作平台登录页面

步骤二：找到订单。在卖家中心，找到需要查询物流信息的订单。京麦工作平台订单列表页面如图 2.2.15 所示。

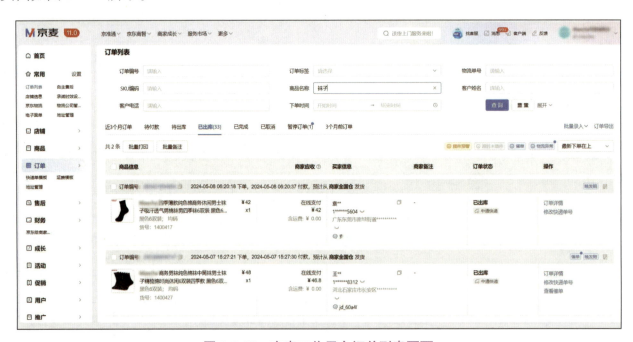

图 2.2.15　京麦工作平台订单列表页面

步骤三：查看物流状态。在订单详情页，找到订单详情部分。京麦工作平台物流详情页面如图 2.2.16 所示。

项目2 操作篇：电子商务平台操作入门

图 2.2.16 京麦工作平台物流详情页面

步骤四：联系京东客服。如果物流信息显示异常或包裹长时间未更新，可以联系京东客服解决问题。

技能初探

阅读分析以下案例情景，通过小组合作的方式探讨物流跟踪工具在提升电子商务客户满意度中的应用策略。

在某电子商务平台上，卖家王先生发现物流过程中客户投诉和退款申请较多，主要原因是物流信息更新不及时和物流问题沟通不充分。为改善这一状况，王先生计划采用物流跟踪工具来提升客户满意度。

请根据以上情景，分析并回答下列问题。

（1）王先生应该如何利用物流跟踪工具及时更新物流状态，避免客户因信息不准确而产生疑虑和担忧？

（2）当物流出现延误等问题时，王先生应该如何主动与客户沟通，提供解决方案，以提升客户满意度？

（3）王先生还可以采取哪些措施，利用物流跟踪工具进一步提升客户满意度，例如在店铺首页设置物流查询功能、提供预计送达时间等？

活动3　处理物流异常信息

活动描述

王秀、李刚在工作台查看客户物流信息时，难免会查到一些异常情况，如包裹丢失、延误等。在工作室企业导师的指导下，他们将学习如何处理这些物流异常信息，学习如何与客户沟通、安抚客户情绪，并协调快递公司解决问题。

知识攻坚

一、常见的物流异常原因与解决方案

（一）物流异常原因分析

1. 快递公司操作失误

快递员因路线规划不当、交通拥堵或其他原因导致无法按时完成派送；在装卸过程中，快递公司可能未能妥善保护包裹，导致包裹在运输过程中受损；由于缺乏有效的库存管理和监控系统管理不善导致包裹在转运站或分拣中心丢失。

2. 物流系统故障

订单处理系统出现故障或维护，导致订单处理延迟或信息不准确。例如，系统升级或维护期间，订单处理能力下降，导致订单积压。由于系统更新不及时或数据传输问题，导致无法准确更新包裹的实时位置。

3. 自然灾害

台风、洪水、地震等不可抗力因素可能导致物流配送的中断和延误。例如，极端天气条件可能阻碍道路通行，影响快递员的派送能力；还可能导致物流中心关闭，影响包裹的分拣。

4. 客户原因

由于客户提供的收货地址不完整或错误，导致配送员无法正常送达。例如，如果客户只提供了街道名称，但是没有提供门牌号，那么配送员就很难找到准确的位置。由于客户填写了错误的手机号码，或者是手机关机、信号不好等原因导致快递员无法完成派送或联系。

（二）解决方案

物流配送过程中，可能会遇到各种异常情况。对这些异常情况，可以采取以下解决方案来提供最佳的客户服务。

（1）如果是快递公司操作失误，应及时联系快递公司进行调查和索赔，确保责任追究和快递公司的补偿措施。同时，向客户道歉并解释情况，说明公司的处理方案，并承诺重新发货。

（2）如果是物流系统故障，应立即联系电子商务平台的技术支持团队，报告物流系统故障情况，寻求帮助。同时向客户提供准确的信息，并保持与客户的沟通，及时更新物流信息。

（3）如果是自然灾害导致的物流异常，应全面了解受影响地区的情况，并及时向客户沟通解释原因和可能的解决方案。根据实际情况，提供退款、安排后续发货或提供其他替代方案，以满足客户的需求。

（4）如果是客户原因导致的物流异常，应与客户保持良好的沟通，协助客户提供准确的地址和联系方式。如需要客户提供进一步的帮助，客服人员提供指导和建议，确保物流顺利进行。

二、物流异常信息处理流程

1. 了解物流异常原因

首先，客服人员需要了解客户订单具体的物流异常原因，并且熟知常见的物流异常情况及

解决方法，如物流公司操作失误、天气原因、交通延误等。

2. 与客户沟通

当发现物流异常情况时，客服人员需要及时与客户沟通，告知他们物流异常的原因，并解释可能带来的影响。客服人员需要用礼貌、专业的语言与客户沟通，并尽可能提供解决方案。例如，如果包裹丢失，可以告知客户会尽快与物流公司联系，并协助客户办理退款或重新发货。

3. 安抚客户情绪

物流异常可能会导致客户感到焦虑和不满。客服人员需要学会安抚客户情绪，用同理心去理解客户的感受。可以通过提供额外的补偿或者提供替代方案来缓解客户的不满。

4. 协调快递公司解决问题

客服人员需要与快递公司进行沟通，了解物流异常的具体情况，并协调解决问题。例如，如果包裹延误，可以请求快递公司提供包裹的最新状态，并与客户保持沟通，确保客户了解问题的进展。

5. 更新物流状态

在物流问题得到解决后，客服人员需要及时更新物流状态，并在后台管理系统中记录处理过程。这样可以确保其他客服人员了解物流异常的处理情况，避免重复处理。同时，客服人员也需要通知客户物流状态的更新，确保客户能够及时收到货物。

直通职场

在电子商务时代，物流异常是难免的问题，但通过合理地应对措施和积极地沟通，可以最大限度地减少潜在的影响，提升物流效率和用户体验。以下列举了真实的物流异常处理中，包裹丢失、包裹延误两种异常情况的处理流程。

（1）包裹丢失处理流程如表2.2.2所示。

表 2.2.2　包裹丢失处理流程

步骤	处理流程	具体做法
1	识别异常	发现订单状态显示为"已发货"，但客户未收到包裹
2	沟通确认	与客户确认未收到包裹的事实，并获取快递单号
3	内部协调	联系物流公司，提供快递单号，查明包裹下落
4	解决方案	物流公司确认包裹丢失，协商退款或重新发货
5	客户沟通	向客户说明情况，告知解决方案，并确保客户满意
6	跟进处理	跟进退款或重新发货的进展，直至问题解决

（2）包裹延误处理流程如表2.2.3所示。

表2.2.3　包裹延误处理流程

步骤	处理流程	处理方法
1	识别异常	订单显示"已发货"，但包裹送达时间远超预期
2	沟通确认	与客户确认包裹送达时间的延误，并了解客户需求
3	内部协调	联系物流公司，了解延误原因，并寻求解决方案
4	解决方案	物流公司提供延误原因，协商延长收货时间或提供补偿
5	客户沟通	向客户说明情况，告知解决方案，并确保客户满意
6	跟进处理	跟进补偿的发放或延长收货时间的确认

技能初探

突发情况下的异常物流情况需要迅速反应并妥善处理。客服人员需要积极沟通、快速协调和提供替代方案，最大限度地满足客户需求，并以专业且体贴的态度处理突发情况所带来的不便，为客户提供卓越的服务体验。

6位同学一组，通过资料查询，掌握即时送达的突发情况处理流程，并把即时送达的突发情况处理流程（表2.2.4）补充完整。

表2.2.4　即时送达的突发情况处理流程

步骤	处理流程	处理方法
1	识别异常	客户购买了一件急需的商品，并选择了即时送达的快递服务，然而快递员在地点周围遇到了临时的道路封闭事件，导致送货延误
2	沟通确认	通过电话与客户确认延误情况，并向客户道歉，表示理解客户迫切的需求
3	内部协调	
4	解决方案	
5	客户沟通	
6	跟进处理	

项目 2 操作篇：电子商务平台操作入门

📖 项目提升

实训名称： 电子商务平台综合操作实战实训。

实训背景： 在电子商务日益壮大的今天，高效的电子商务客服已成为提升用户体验的关键。客服人员需要具备卓越的操作技能，以便快速响应客户需求，处理订单及物流问题。本次实训聚焦于提升学生的电子商务平台操作技能，通过真实的操作场景模拟，强化学生的实战能力，为其未来从事电子商务客服工作奠定坚实基础。

实训目的： 通过实训，使学生不仅掌握电子商务平台的基本操作，还能在面对复杂问题时提供高效、专业的客服解决方案，提升学生的职业竞争力。

实训过程：

1. 客服工具应用挑战：围绕不同电子商务平台的客服工具，设计操作竞赛，让学生在游戏中熟悉工具的使用，提高客服效率。

2. 订单管理压力测试：模拟高并发订单场景，训练学生在紧张的环境下保持冷静，准确无误地完成订单处理，包括订单审核、售后处理等环节。

3. 物流异常应对演练：创造多种物流异常的模拟情景，指导学生如何分析问题、沟通解决，以及如何在紧急情况下保持良好的客户关系。

4. 综合实战案例分析：选取真实电子商务案例，让学生分组讨论，提出针对性的客服策略，培养学生的战略思维和团队协作能力。

📖 项目小结

通过本项目的学习，使学生熟练掌握主流电子商务平台客服工具的使用，提升订单管理和物流跟踪的操作效率，并学会应对物流异常的解决方法。学生不仅在实践中提升了专业技能，还培养了实战经验和团队协作能力，为未来从事电子商务客服工作打下了坚实基础。

📖 项目反馈

请根据本项目的工作任务，进行自评、互评、企业评价和教师评价，填写学习评价反馈表（表 2.2.5）。

表 2.2.5　学习评价反馈表

小组名称			小组成员				
项目	评价项目	评价内容	评价维度				
			自我评价 /25%	队员评分 /25%	组间评分 /25%	教师评价 /25%	总分 /100%
电子商务平台操作入门	知识学习	1. 能够掌握主流电子商务平台的客服工具的使用。（10分） 2. 涉及主流电子商务平台的知识和操作步骤全面且深入。（10分） 3. 能详细描述主流电子商务平台对客服的要求。（10分）					
	技能训练	1. 能够熟练使用客服工具、订单管理工具和物流跟踪工具。（10分） 2. 针对物流异常信息处理的问题，学生能够提出解决方案并加以实施。（10分） 3. 针对多种主流电子商务平台的操作情景模拟能够提出解决方案并加以实施。（20分）					
	素养提升	1. 按时上下课，并按照要求完成课前作业、预习、课后作业。（10分） 2. 学习态度端正，积极参与课堂活动，遵守学习和实训场室管理规定。（10分） 3. 学习实践中，提升爱岗敬业、服务意识、解决问题和团队协作能力。（10分）					
	学习收获						
	完善提高						

沟通篇：客户服务沟通技巧

项目情境

拓宽沟通方式 升级客户服务

截至 2023 年 12 月，我国网络购物用户规模达 9.15 亿人，网购业务持续快速增长，王秀、李刚所在的星星之火工作室也迎来了复杂多样的客户服务环境。为了解如何应对，他们通过阅读劳模故事寻找答案。

公交车是城市公共交通的骨架，工作环境客流量大、人员繁杂，司机劳模们给出了"用微笑面对每张面孔，用贴心服务一路同行"的答案。他们学习全国各地的方言，甚至为了更好地服务特殊乘客群体，还加强手语技能的学习，做到了听得懂、说得出，极大程度拓宽了沟通方式，这让乘客大为赞叹、倍感温暖。

工作室客服主管张主管指导他们，应当在沟通过程中用心分析客户需求、不断强化沟通技巧，才能将普通的客户服务升级成贴心服务。秉持服务精神、创新沟通渠道的实例激励着两位同学不断提升沟通技巧。

学习目标

知识目标：
1. 掌握电子商务客服语言艺术的内容
2. 掌握沟通中倾听的要点与禁忌
3. 熟知电子商务客户的三种分类
4. 掌握电子商务客服情绪管理的技巧

能力目标：
1. 能够运用语言艺术调整客户沟通方式
2. 具备采用客户分类应对技巧处理客服工单的能力
3. 能够在客户服务过程中有效进行情绪管理
4. 能够主动有效地调节客服工作压力

电子商务客户服务（第2版）

素质目标：

1. 培养尊重客户、尊重自身、尊重竞争对手的意识
2. 培养换位思考的共情能力和健康正向的心态
3. 培养服务意识与创新思维，提升自身职业素养

思维导图

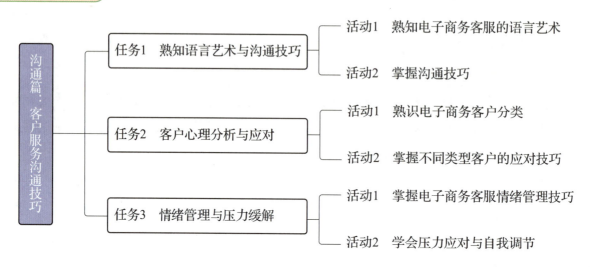

任务1　熟知语言艺术与沟通技巧

任务导入

由于工作室商品上新，客户咨询业务越来越多，王秀和李刚迎来了新的挑战，后续复盘时李刚发现自己很多客户往往咨询了一两句就不再继续，而王秀不仅响应速度快，客户留存率也非常高。客服主管注意到这个情况，向他们进一步说明：李刚在回应客户问题时以最快速度完成为宗旨，因此在沟通过程中用语过于精简、生硬，客户常被李刚寥寥几字打消深入了解的热情；反观王秀，不仅认真准备资料，还分析每位客户的特点，面对客户的不同风格采用不同的回复方式，通过精准回答减少了不必要的解释，反而处理速度提升了。

作为客服人员，要认识到客户各有特点、偏好，想要在客户咨询阶段留住客户，为店铺销售和后续服务打下基础，就要掌握语言沟通的艺术与技巧。

项目3 沟通篇：客户服务沟通技巧

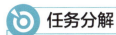

想要掌握语言艺术与沟通技巧，就要先了解语言艺术是什么，再学会作为电子商务客户服务人员应掌握沟通的技巧，最终不断学习提升自身语言艺术与沟通技巧。

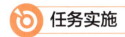

活动1 熟知电子商务客服的语言艺术

活动描述

李刚在客服主管张主管的带领下，开始学习体现语言艺术的案例，通过将自己置身客户角度的方式换位思考，感受语言艺术的魅力以及掌握沟通技巧的重要性。

知识攻坚

一、电子商务客服的语言艺术

在电子商务客户服务环境下，语言艺术指在电子商务交易双方沟通中使双方顺利交换信息、传递情感、辅助达成目标的手段和方法。作为电子商务客服人员，具备优秀的语言表达能力能够传递尊重和理解，从而强化用户的体验感，巩固客户的信任和满意度，通过解决客户问题、提升店铺销量、强化品牌忠诚度，为企业进一步创造价值。

二、电子商务客服语言艺术的魅力

（一）表达多样性

电子商务客服语言艺术的表达具有多样性。一个概念用不同的表达方式进行传递往往会产生不同的效果，甚至出现截然不同的结果。试比较以下话术的效果。

A.你得先把订单信息发我，我们才能给你继续操作。

B.我可弄不了，你也没给我订单信息，怎么查啊？

C.我马上核查，麻烦您提供一下订单信息，您可以点击"我的"—"订单中心"—此订单—查看订单编号—复制信息。

小试牛刀

在真实客户咨询中，客服人员使用语言艺术与否会带来不同的结果，请根据语言艺术，对客服回复话术评定表（表3.1.1）中的4种回复进行等级评定（S最优，其次A、B、C），并分析带来的结果。

表 3.1.1　客服回复话术评定表

客户咨询问题	您好店主，我收到的水杯外包装有破损，可以退货吗		
序号	客服回复	等级评价	带来结果
1	不好意思亲，如果影响二次销售不支持退货的哈		
2	外包装破损不影响正常使用，实在担心的话可以拍照发过来我给你看看		
3	您当时看到包装破损也直接签收了吗，这边建议您找物流赔付		

（二）表达技巧性

电子商务客服语言艺术强调在表达时主动利用一定技巧，这可以通过学习与锻炼提升。在服务过程中融入语言艺术，要根据预期达成的目标主动使用沟通技巧，利用语言艺术来创造自己想要的沟通氛围，渗透式传递温暖的情感，有效地传达想要对方了解的信息。例如售后客服遇到客户的"投诉告知"时，要有意识保持耐心，不能直接拒绝与对方沟通，这样既不能安抚客户使其平静，也会给客户留下拒绝处理问题的印象、激化矛盾。

（三）表达生动性

电子商务客服语言艺术作为一种高超的技巧，可以利用多种修辞和表达方式，使抽象的概念变得具体明确，能帮助客服人员将宏观问题梳理为可以解答的具体问题，同时生动的表达可以在沟通陷入停滞时调节气氛、化解尴尬。例如，很多客户问"产品好在哪里？"这里的"好"就是对商品的宏观评价，可以通过细致描述来分解商品的特点，有效引导客户与已知的产品进行对比，产生具体认知。

三、电子商务客服语言艺术的内容

尽管通过图片、视频也可以传递商品与服务信息，但语言是其中最重要、最方便的媒介，电子商务客服语言艺术的内容可以分为以下 3 部分内容。

（一）创造正向氛围

涉及电话沟通的客服人员可以利用平稳恰当的语速语调、清晰舒缓的发音吐字，涉及线上沟通的客服人员可以利用简洁干净的文字、迅速及时的响应来创造平和舒缓、环环相扣的正向氛围，为后续有效沟通打下基础。

（二）有效传递信息

电子商务客服的语言艺术，其核心在于高效获取并精准传达信息。这不仅要求客服人员运用巧妙的沟通技巧，引导客户进行观点分享与问题提出，还要确保店铺的详细介绍与商品的关键信息能够准确无误地被客户所理解，从而促使客户产生积极的行动与反馈，实现良好的购物体验与互动效果。

项目3 沟通篇：客户服务沟通技巧

（三）打造强感染力，维护长期沟通

语言艺术在客服工作中扮演着至关重要的角色。通过精心运用语言艺术，客服人员不仅能够快速建立与客户的贴心服务关系，还能在沟通过程中创造出强烈的感染力，进一步拉近店铺与客户之间的距离。

技能初探

根据资源包中《背景资料3-1》（摘自2023年全国职业院校技能大赛ZZ020电子商务运营赛项正式赛卷）了解产品及服务信息，2~3位同学一组开展分组讨论，探究你将首选哪个语言艺术内容，以及如何利用语言艺术进行回答，并完成语言艺术应用回复表（表3.1.2）的填写。

表 3.1.2　语言艺术应用回复表

序号	客户咨询	电子商务客服人员回复	
		语言艺术内容	具体回复语句
1	别人家鲜花饼都几块一盒，怎么你家这款这么贵啊		
2	你们怎么搞得？寄个薯片也不包装好，我这是孩子生日聚会用的，一到手就都成渣了还怎么吃啊		
3	你们家就没有京东、顺丰这样靠谱点的快递吗？我就只认这两个快递		
4	之前在你们家买过香薯干，现在发货的这批和之前的一样吗		

活动2　掌握沟通技巧

活动描述

王秀和李刚在客服主管张主管和指导老师刘老师的带领下，准备进一步学习沟通技巧，熟悉电子商务客服沟通的基本要求、沟通技巧以及注意事项，以掌握如何与客户进行交流。

知识攻坚

一、电子商务客服沟通的基本要求

随着互联网及相关技术发展，电子商务平台对商品的展示逐步由文字加图片拓展出了视频展示、直播展示的形式，辅以客户评价形成了面向客户的商品展示体系，但网上交易由于消费者无法直接观看、触碰、体验商品的全貌，先天存在劣势。电子商务客服人员在弥补消费者与实际商品、服务间存在距离感的短板上扮演着重要的角色，除掌握基本技能和职业道德外，还需掌握通用能力，具体包括以下两个方面的内容。

（一）换位思考能力

作为电子商务客户服务人员，换位思考是设身处地地为客户着想，能用对待自己的宽容和理解来对待客户，这是电商客服人员与客户之间沟通的基础。

技能初探

在真实的客户咨询中，沟通技巧可以做到润物细无声地拉近彼此的距离。请你带着换位思考、互相尊重的沟通技巧来分析，当面对沟通技巧对比表（表3.1.3）中客户异议时你将选择哪一种回复，并阐述理由。

表3.1.3 沟通技巧对比表

序号	客户异议	勾选你认为更好的回复
1	薯片的保质期是多长时间	A. 亲亲，保质期60天
		B. 亲亲，薯片的保质期有12个月哦，而且内含20袋，随吃随开，不用担心浪费哦
2	你们店这款枣糕原料是什么成分	A. 亲，这款枣糕甄选原料，包括当季红枣、原生蜂蜜、优质麦粉和新鲜鸡蛋。经过合理搭配、精心烘焙，绵软润口，材料好口感才更好，成分好营养也更好呢
		B. 亲，详情页已标注，以详情页为准哦
3	我家是浙江的，拍了多久能到货	A. 亲，江浙沪地区一般3天内能到
		A. 亲，浙江一般3天到。您是急用吗，这边可以做一下加急，尽量24小时内发货，预计4天左右宝贝就能到啦

（二）熟知店铺运营结构

客户在进行咨询时，除了基本的商品信息，还会涉及优惠政策、支付方式、发货和物流相关问题，而这些信息往往需要与营销、财务、快递公司进行沟通。另外，如果有些客户需求超出自身权限，也需向对应层级客服领导进行反馈，因此想要顺利沟通，电子商务客服人员还需了解店铺运营结构，以便快速获取己方信息。招聘网站中对电子商务客服人员沟通的基本要求如图3.1.1所示。

图3.1.1 招聘网站中对电子商务客服人员沟通的基本要求

二、电子商务客服沟通技巧

（一）沟通的内涵

沟通是人与人之间、人与群体之间思想与感情的传递和反馈的过程，以求思想达成一致和感情通畅。电子商务客服沟通的目标更加明确，即在于通过信息不断往返追求交易双方或多方意见一致、情感共通。沟通并非"你说我听"，而是为了达成目标进行的包含听、说、问在内的行为及其过程。沟通基本行为关系图如图3.1.2所示。三个基本行为缺一不可，听是首要一环。

（二）用心倾听

作为电子商务客服人员，倾听是开启沟通的第一步。倾听不仅要听对方的言辞或看对方的文字，还需要全身心地去感受对方的谈话过程中表达的言语信息和非言语信息。

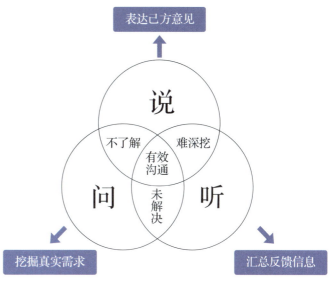

图3.1.2 沟通基本行为关系图

1. 倾听的要点

（1）端正态度。

电子商务客服人员在热情回应消费者的同时，一定要明确自己的任务是帮助客户解决问题。对客户而言，客服人员在沟通前期是信息接收方，因此不要在言辞上占据主导地位，要克服以自我为中心的思维方式。

（2）尊重对方。

在沟通过程中，客服人员掌握更多商品与服务信息、消费者掌握更多体验信息，因此双方的关注点容易产生偏差。很多客服人员以解决问题为优先，为了探究细节而打断客户讲话，实际上客服人员不仅要提供解决问题的服务，也要帮助客户消解因不良消费体验产生的负面情绪，因此不打断对方、让对方把话说完、表达出对客户的尊重是倾听的重要一点。

（3）拒绝偏见。

电子商务客服直接关联交易，涉及价钱及优惠等，客服人员在进行判断时要保持中立客观，不要匆忙下结论并且急于评判对方的观点，在与对方意见相反时要保持冷静、不过度解读，阶段性反思自身是否在解决用户问题时带有偏见，将其融于个人的职业素养中。

（4）予以反馈。

电子商务客服人员接触的客户来源广泛，部分客户需要更长的时间组织语言；还有部分客户，他们与客服人员沟通的深层需求是发泄不满，因此在表达时也会用时更长。此时客服人员应当在对方暂时表达完一部分观点时及时予以反馈，可以通过对对方的话题表示肯定、简单重复并询问后续发展，甚至是表达仍在服务的话语予以适当反馈，鼓励客户完整表达。

2. 倾听的禁忌

根据倾听的要点，可以总结出倾听的禁忌，主要包括以下三个方面。

（1）冷淡敷衍，对谈话内容漠不关心，缺少反馈。

（2）只关心客户反馈的内容，刻意忽略客户情感上的传递。

（3）只追求效率和工单完成速度，无故或多次打断对方谈话。

直通职场

在真实的电子商务客服场景中，很多客服人员的回复并没有"硬伤"，但就是留不住用户，原因就在于没有注意沟通技巧的细节。电子商务客服沟通实例如图 3.1.3 所示。

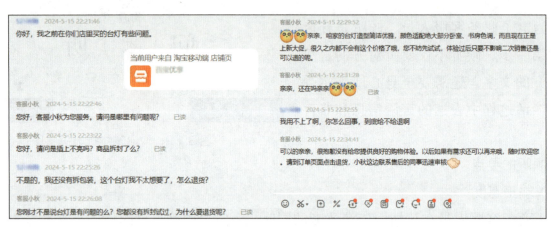

图 3.1.3　电子商务客服沟通实例

头脑风暴

4 位同学一组合作探究，基于图 3.1.3 开展分组讨论：客服小秋的哪些话触碰了倾听的禁忌？作为电子商务客服人员，我们可以通过哪些措施来进行改进呢？请填写倾听禁忌汇总表（表 3.1.4）。

表 3.1.4　倾听禁忌汇总表

序号	不恰当回复原句	涉及的倾听禁忌	改进措施
1			
2			
3			

（三）巧妙回答

在沟通过程中，说是阐述自身观点、借机引导对方向意见一致靠拢的最佳机会。面对客户的提问，特别是一些模糊、尖锐的问题，采用巧妙的答复可以起到进一步拉近距离、创造交易机会、化解尴尬与矛盾的作用。对客户的沟通需求，可以按照所处交易环节进行分类，例如售

项目3 沟通篇：客户服务沟通技巧

前咨询、售中引导、售后服务，也可以针对常见客户问题进行归纳，总结为起止、回答客观问题、议价三大类，应针对不同需求与客户问题，总结回答的方向与技巧。

（四）有效提问

电子商务客服人员利用有效提问能够获得信息、引导话题、推进流程。根据目标不同提问可以分为针对性的提问、选择性的提问、澄清性的提问、征询性的提问、关闭式的提问，在客服人员提问时可以采用设置封闭式问题等技巧促成有效提问。

实战演练

2位同学一组，通过角色扮演进行实训模拟，完成后进行角色互换。客户提出质疑和咨询，客服人员利用沟通技巧进行服务。实战演练后，进行归纳总结，教师进行点评。

电子商务客服大部分以在线客服和电话客服形式开展，因此在进行实训模拟时，第一轮请模拟在线客服沟通。利用阿里旺旺进行沟通，可以尝试利用阿里旺旺中商品、订单以及表情功能，提升沟通的便利性和亲切感。第二轮模拟电话客服沟通。由于电话沟通对语气、态度的感受更加直观，客服人员要格外注意自己的语气、语调，要在沟通时灵活融入语言艺术和沟通技巧。两轮任务完成后请扮演同学们分别谈一谈自己作为客户的服务体验以及作为客服人员收集到的信息，并解释为何采用当时的处理方式。

任务2 客户心理分析与应对

任务导入

在掌握了语言艺术与沟通技巧后，王秀和李刚的工作越发得心应手，因此分配到更多用户。王秀主动提前准备好话术备用，但是并没有得到显著提升，她感到非常沮丧和困惑。张主管在对王秀服务意识予以表扬的基础上引导王秀观察客户的表现和表达方式。在同样的回复下客户们的反馈都不一致，这给提高客户服务效率带来了难题。王秀总结出不同场景下常见应对话术，果然大大提高了效率。

作为客服人员，想要提升效率、提高客户沟通体验并且尽量解决客户需求，必须掌握一定客户心理，做到"知己知彼"才能胜任电子商务客服工作。

任务分解

想要掌握客户的心理并在电子商务客服工作中应用，就要先根据客户心理和表现特征进行分类，再总结有针对性、目的性的应对技巧，通过不断实战提升客户服务水平。

活动1　熟识电子商务客户分类

活动描述

王秀在客服主管张主管的带领下，首先通过专业行业机构了解电子商务客户的基本情况和消费特点，以此为基础了解电子商务客户类型，为掌握应对技巧打下基础。

知识攻坚

一、电子商务客户总体情况

想要掌握电子商务客户的消费心理，首先要对客户有整体认知。客服人员可以采集官方机构公布的信息、行业报告。通过查阅第53次《中国互联网络发展状况统计报告》可以重点关注网民规模、结构以及互联网商务交易类应用信息。

网民结构主要从年龄、性别、学历、职业、收入等方面进行分析，且网民的这些特点也在随经济环境和科技进步而动态变化。例如到2023年，我国网民规模已达10.92亿人，为电商行业发展奠定了基础；电子商务客服人员应对当前行业现状有较为深刻的宏观了解。

二、电子商务客户购买动机

电子商务客户购买动机如图3.2.1所示。

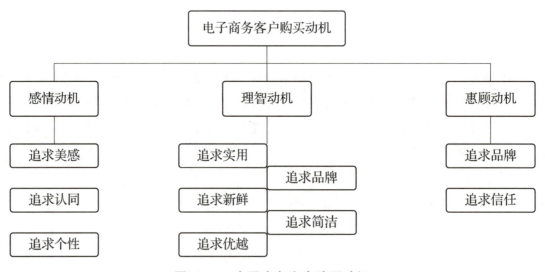

图3.2.1　电子商务客户购买动机

技能初探

根据客户反馈信息，尝试分析客户购买动机，并且思考该如何表达才能进一步促动客户购

项目 3　沟通篇：客户服务沟通技巧

买动机，进而满足客户需求，完成客户购买动机分析表（表3.2.1）。（可以参考背景资料中《消费者的11种购买动机》深化学习效果，为完成本任务夯实基础）

表 3.2.1　客户购买动机分析表

序号	客户沟通典型内容	客户购买动机
1	客户：您好，马上就要出最新款设备了，这个版本的大概什么时候降价	
2	客户：您好，这两款卫生纸分别是几层	
3	客户：这个模型做工如何？	

三、电子商务客户类型

在庞大网民规模支撑下，电子商务客户群体也非常大，每个客户都有自己的想法和偏好。因此，进行电子商务客户分类不能一概而论，可以针对电子商务客服人员进行客户分析与处理的不同环节进行大致划分。

（一）按客户性格特征分类

按客户性格特征分类，并具体分析不同类型客户，按客户性格特征分类表（表3.2.2），初步判断沟通难度。

表 3.2.2　按客户性格特征分类表

序号	客户类型	该类型客户具体分析
1	友善型	友善型客户一般性格随和，对自己以外的人和事没有过高要求，具备理解、宽容、真诚、信任等美德
2	独断型	独断型客户一般自信果决、想法坚定，对他人的意见多从理性出发、共情较少；认为自己的付出应当有所回报，并且自己的意见合理、应当认可；在交流过程中不能容忍欺骗、质疑、轻视
3	分析型	分析型客户一般多以理性思维考虑问题，习惯以事实为思考的出发点，并且习惯性避免情绪对判断的影响；因为较为理性，所以对公正的处理接受迅速，但对他们认为不公正的待遇也会据理力争；善于运用道理和规范保护自己
4	自我型	自我型客户指的是思考问题以自身感受为出发点，对自身体验的关注导致难以站在他人立场考虑问题，因此会表现出缺乏同情心的情况；同时，性格较为敏感，不能容忍自身利益受到伤害

（二）按消费购买行为分类

按消费购买行为分类，并具体分析不同类型客户，明确促单方向。按消费购买行为分类表如表3.2.3所示。

表 3.2.3　按消费购买行为分类表

序号	客户类型	该类型客户具体分析
1	交际型	交际型客户善于聊天，潜意识里希望建立自然友善的良好关系，而且情绪价值对其非常重要，往往相聊甚欢以后就会下单，且与客服人员建立起长久的、良好的关系
2	购买型	购买型客户明确知道自己想要什么，因此往往对比完信息直接下单且很快付款，潜意识里有回避和怕麻烦的因素，对客服人员的热情相对冷漠冷淡，但并非拒绝沟通
3	礼貌型	礼貌型客户非常重视双方沟通的态度，潜意识里对"礼貌""合作"有天然的好感，因此即便只是想买一件商品而与客服人员沟通；如果客服人员能够以礼相待热情欢迎，礼貌型客户甚至会再下单其他商品，复购率也会较高
4	讲价型	讲价型客户指的是在沟通过程中以价格为主线，以必须拿到优惠或低价为判断依据
5	拍下不买型	对喜欢的商品全都拍下，但是在付款的时候会斟酌犹豫，经常会出现拍下但是迟迟不付款的情形

（三）按网购程度或目标分类

按网购程度或目标分类，并具体分析不同类型客户，选择沟通技巧。按网购程度或目标分类如表 3.2.4 所示。

表 3.2.4　按网购程度或目标分类

序号	客户类型	该类型客户具体分析
1	初次上网购物者	即刚接触电子商务购物的客户，往往从价值小的常见物品开始，对复杂的页面和操作会有抵触
2	勉强购物者	这类客户对安全和隐私问题感到紧张
3	便宜货购物者	这类客户愿意为了购买便宜商品付出时间和精力。这类客户没有品牌忠诚度，以价格为购物标准
4	"手术"购物者	这类客户在上网前已经很清楚自己需要什么，并且只购买他们想要的东西，清晰购买决定的标准，能寻找符合这些标准的信息，当他们认为已经找到合适产品时就下单购买
5	狂热购物者	这类客户把购物当作一种消遣。他们购物频率高，也最富于冒险精神。对这类客户，迎合其好玩的性格十分重要
6	动力购物者	这类客户因需求而购物，而不是把购物当作消遣。他们有自己的一套高超的购物策略来找到所需要的物品，不愿意把时间浪费在搜寻物品上

技 能 拓 展

6 位同学一组合作探究，根据不同性格特征客户沟通特点及应对策略（表 3.2.5）中开展分组讨论：针对不同性格特征客户的沟通特点，作为电子商务客服人员，我们可以通过哪些策略进行应对？

项目 3　沟通篇：客户服务沟通技巧

表 3.2.5　不同性格特征客户沟通特点及应对策略

序号	客户类型	沟通特点	应对策略
1	友善型	接纳外部意见较快；发自内心地尽量避免争吵，大多希望协商解决问题；通常成为店铺的忠诚客户	
2	独断型	接纳外部意见较难，在沟通过程中强调个人的意见；通常是投诉较多的客户	
3	分析型	善于思考，容易捕捉客服人员话语中的漏洞；解决问题前倾向获得更多信息、解释	
4	自我型	与其他网店客户相比具备主动的"攻击性"；难以接受负面语言，难以共情店铺问题，往往认为店铺提供服务必须达成、不能出现失误	

活动2　掌握不同类型客户的应对技巧

活动描述

王秀经过前个活动对电子商务客户分类有了深刻理解，于是在客服主管张主管的带领下进行复盘，通过换位思考、共情用户心理，抽丝剥茧分析客户需求，总结出应对技巧。

知识攻坚

不同类型客户的应对技巧

针对不同类型的客户，客服人员应该采用不同的应对技巧来进行服务（表3.2.6）。

表 3.2.6　不同类型客户的应对技巧

序号	客户类型	应对技巧
1	友善型客户	保持热情平稳的沟通节奏，为客户提供高质量服务，切莫因为对方的宽容和理解而降低标准。一旦失去友善型客户，他们转到其他店铺就很难再回来。因此要用高质量产品和服务保持与他们的联系
2	独断型客户	多用"您说得对""能明白您的意思""好的"，少用"但是""不过"这种转折性词语，以免产生刺激
3	分析型客户	真诚对待，多做出解释，争取对方的理解；小心措辞、避免不准确回复，特别是遇到自己不清楚的问题时不能以"不太清楚"为理由拒绝，宁可礼貌告知对方需要一些时间确定也不能随意下结论
4	自我型客户	面对自我型客户的不恰当措辞学会平和对待，要清楚对方"对事不对人"，并非是对客服人员有意见。因此要换位思考、安抚对方情绪，并且学会控制自己的情绪，以礼相待

续表

序号	客户类型	应对技巧
5	交际型客户	对这种类型的客户，要热情如火、抓住自己和对方的相同点并展开沟通，后期当对方将自己视为"朋友"后要自然真诚对待、不以下单为唯一目标，把工作的重点向交际型客户倾斜
6	购买型客户	保持适当距离、沟通专业简洁，杜绝频繁持续追问沟通，以免对方产生抗拒心理
7	礼貌型客户	对这种客户，尽量做到热情，可以简单推荐关联度高、性价比高的商品，以显示热情与尊重
8	讲价型客户	对这种客户，一方面不要过于快速地答应对方的条件，反而会给对方"我是不是价格讲高了""这个产品根本不值"的误会。讲价型顾客的心理较为复杂，有以获取优惠为主的，有以讲价成功获得心理"成就"为主的，因此要始终保持欢迎的态度，把握沟通的节奏
9	拍下不买型客户	无论是议价型还是拍下不买型，客服人员都切忌暗自揣测，避免"买不起还问/看"的念头，要牢记电子商务交易的过程是用价值交换对应的使用价值，无高低贵贱之分。针对拍下不买型客户，客服人员可以适当提醒一次，避免出现客户本意要买但因被外力打断未付款成功的现象
10	初次上网购物者	提供具有说服力的照片、评论、视频，避免过于复杂的操作引导，大方有礼但不过分热情，尽量帮助客户直观、客观地获取商品及服务信息
11	勉强购物者	明确说明安全和隐私保护政策才能够使其消除疑虑
12	便宜货购物者	大方热情，不拘泥于某款商品的优惠，适当推荐合适价位商品

行业探究

请同学们阅读图3.2.2客户分类实例中4种的行业客户分类实例，分析该企业是如何利用客户分类的，以及在客户管理上该企业还做了哪些工作。

图3.2.2　客户分类实例

项目3 沟通篇：客户服务沟通技巧

实战演练

6位同学一组，通过划分客户和电子商务客服人员模拟客户服务过程开展实训，完成后进行角色互换。客户需明确自身类型，并预想客服人员会如何回答，设计出符合自身类型的客户发言并写在纸条上（可以设想客服人员的不同回答提前准备多个发言）；客服人员需熟悉商品和服务资料以便快速应对。双方开展客户服务模拟实战，客服人员需判定客户类型并利用应对技巧予以恰当回复，实战演练后，进行归纳总结，教师进行点评。

任务3　情绪管理与压力缓解

任务导入

工作室的业务正在稳步增长，王秀和李刚的客服工作也趋于稳定，然而客服主管却发现王秀同学经常暂离工作岗位导致漏接工单，李刚同学则是时常叹气甚至摔打鼠标。在主管的询问下才知王秀同学、李刚同学压力较大。张主管带领两位同学进行了解，发现很多同事都曾有同样的问题，现在能留在客服岗位的都是能自我调节心态、释放压力、保持健康心理的人。

电子商务客服工作强度大、频率高，且部分顾客目的在于获得心理或金钱上的补偿，因此对客服人员的脑力、体力、心理都是不小的考验。

任务分解

想要在电子商务客服工作中做情绪的主人、提升职业素养，就要了解电子商务客服情绪管理的技巧，利用这些技巧帮助自己舒缓情绪，同时学会正确认知压力、探究自身压力产生的缘由，做到勇敢面对压力并适当自我调节。

任务实施

活动1　掌握电子商务客服情绪管理技巧

活动描述

王秀在客服主管的带领下，开始关注电子商务客服人员工作时的常见情绪特别是负面情绪。通过总结归纳发现，大部分客户并非针对客服人员而是不够冷静，因此王秀决定学习情绪管理的技巧，避免自己因一时气愤未能达成工作目标。

知识攻坚

情绪管理指通过研究自身情绪和他人情绪，对情绪进行认识、协调、引导、互动和控制，充分挖掘和培养驾驭情绪的能力，从而保持良好的情绪状态，并由此产生良好的效果。情绪是人的自然反应，易受影响、易感染，消极情绪若不适时疏导，轻则败坏情致，重则使人走向崩溃；而积极的情绪则会激发人们工作的热情和潜力。

一、企业对客服人员情绪的管理措施

电子商务客服人员的情绪直接影响客户体验、企业销售业绩和良好形象建设，因此企业在客服人员的情绪管理过程中也扮演重要角色，企业需要从宏观设计、细节要求等方面采取缓解客服人员不良情绪的措施。

（一）科学设计顶层结构

顶层结构设计首先要形成上下贯通、横向明确的客服部门结构，明确层级划分及各岗位工作职责，并且以此为指导形成规章制度，明确客服部门与其他部门的关联内容，帮助客服人员顺利开展工作、保持放松情绪。

（二）提供舒适办公条件，组织团建活动

舒适的办公环境包括：便利的交通环境、宽敞明亮的办公室、舒适的座椅和工作台、必要的办公设备、专心的工作氛围和一定的个人隐私空间，能够为客服人员提供安全感从而提升工作效果。除此提供饮水间、休息室，甚至运动室等放松和娱乐的选择，组织团建活动调节工作节奏，都有助于提高员工的幸福感、缓解不良情绪。

（三）加强心理辅导培训

长期处于不良情绪中会引发心理问题，严重时甚至会造成心理疾病，因此企业应当为客服部门提供专业的心理健康培训以及专业的心理健康检查，通过活动、沟通或培训帮助员工缓解不良情绪。

（四）给予员工关怀

电子商务企业与员工之间的关系是互惠互利的相互依存关系，甚至部分员工也会成为企业的内部客户，因此电子商务企业要给予员工关怀，使其与企业产生更深的关联。例如可以重点关注特殊情况员工，予以日常帮助与慰问；关注员工突发困难帮助解决。

二、电子商务客服情绪管理技巧

电子商务客服人员进行情绪管理可以采用很多方法，主要可以汇总为以下4种技巧。

（一）认知调节，换位思考

负面情绪很多情况是因为对事情理解不同、无法达成一致才产生的，因此客服人员可以通过改变自己的认知来改变情绪。首先确认信息以排除沟通障碍，避免获取信息失误；其次，将自己带入客户角色，感受如果是自己面对这样的情况情绪会如何。

项目 3 沟通篇：客户服务沟通技巧

（二）自我暗示，回馈积极

当遭遇负面情绪时，客服人员可以在心里自我暗示，一方面给自己冷静的时间避免冲动，另一方面情绪极易受到感染，由内而外的传递乐观积极情绪，这份感染又将反馈回内心。

（三）人际调节，发泄消极

当情绪不好时，可以向周围人求助，例如和亲近的同事"吐吐苦水"以发泄不良情绪；也可以与朋友亲人聊天，以寻求安慰，获得幸福感，从而排除不良情绪。

（四）环境调节，传递舒适

干净整洁的环境会使人联想到幸福的家庭和悠闲的时间，壮阔的风景使人沉溺其中无暇他顾，因此客服人员被消极情绪包围时，可以尝试脱离当前环境；可以利用假期开展旅游、聚餐等活动，放松身心、留下美好回忆。

知识拓展

"踢猫效应"——坏情绪的传染链

在心理学上，有一个著名的"踢猫效应"，讲的是父亲在公司受到批评，回到家把孩子臭骂一顿导致孩子狠狠去踢身边的猫，猫逃到街上影响卡车行驶最终撞伤行人的故事。"踢猫效应"的根源在于负面情绪会依次传递。现代社会中，竞争、压力越来越大，很容易导致人们情绪的不稳定，使自己烦恼、愤怒，如果不能及时调整就会身不由己地加入"踢猫"的队伍当中。因此，当产生负面情绪时，要告诉自己"三思而后行"，学会做情绪的主人。

技能初探

在真实的客户工作中，造成消极情绪的原因有很多，请同学们通过查阅资料、采访客服人员、结合自身经历等方式，分析客服人员消极情绪产生的原因，以及利用哪种情绪管理技巧进行排解，完成表 3.3.1。

表 3.3.1 排解消极情绪使用技巧

序号	客服人员消极情绪的原因	可利用哪种情绪管理技巧
1		
2		
3		

活动2　学会压力应对与自我调节

活动描述

李刚在工作室的客服工作任务中逐渐感受到了压力。为了应对压力带来的不良影响，李刚决定细致分析压力产生的原因，并且探究该如何进行自我调节。

知识攻坚

一、电子商务客服人员的压力来源

电子商务客服人员的压力来源主要包括以下 5 个方面。

（一）来自客户的压力

当前环境下客户数量大、用户需求多，还有因体验差而产生的投诉，客服人员面临质问、责难甚至是出言不逊，长期处于压抑、紧张、委屈的负面情绪下，压力因此产生。

（二）来自管理的压力

企业受盈利与管理目标的要求制定了规章制度，客服人员要时刻掌握各种信息。为了效益，客服人员要面临数量、评价、成交转化率等各种指标的考核，导致压力产生。

（三）来自家庭的压力

除了工作，客服人员同时还要兼顾家庭。这虽是员工的个人问题，但也是影响员工心理压力和情绪的重要因素。

（四）来自职业发展和个人能力不足的压力

职业忽视、后期工作难度高、管理层数量少等原因导致客服行业离职率偏高，而且普通工作难度低、替代性高，职业发展与个人能力之间的矛盾是员工压力的重要因素。

（五）来自人际关系紧张的压力

客服人员的工作内容虽然几乎全部面向客户，但在工作中还是会与领导发生沟通、与同事产生竞争，如果与同事或领导发生了矛盾与冲突，紧张的关系也会带来压力。

知识拓展

华为，压力越大、走得越远

2019 年 5 月，美国将华为列入"实体清单"，禁止华为从美国获得元器件和技术。然而面对重重压力，华为并未就此消沉，反而以此为契机不断激励自己研发技术、创新工艺。2021 年 5 月，华为发布光通信未来十年关键技术挑战，向全世界表明华为计划继续协同上下游产业链，共同挑战光系统、光器件、光算法、光智能等业界难题。时至今日，华为发布最新机型的概念词是"锐意向前"，表达了华为将压力转化为动力的态度，开启自己的下一个时代。

二、客服心理压力应对方式

工作、生活、学习压力随处可见，压力才是常态，不能自我调节轻则任自己陷入负面情绪，重则心理崩溃难以正常工作与生活。电子商务客服人员必须学会自我调节心理压力。

（一）认识自己处于压力中，主动定期开展调整

电子商务客服人员想要压力得到释放、心理得到调节，首先要正视压力、不惧压力、主动定期地进行心理调节和压力释放是开展心理压力自我调节的前提。

（二）不断提高自我能力

压力的来源之一在于对职业发展的追求与个人能力不足之间的矛盾。因此，电子商务客服人员应当丰富产品知识、学习沟通技巧提升服务能力，熟知公司整体运作，熟悉各项业务流程，有技巧地处理工作内容，这样能够减少压力。

（三）规划时间、重点解决、避免拖沓

很多客服人员经常因为某个难以解决的问题影响其他工作内容的推进，不仅承受来自当前工作内容的压力，还要叠加其他任务延期的压力。因此，在工作中要做好计划、规划好时间，按照优先顺序、难易程度安排工作，制订切实可行的计划。

（四）重视个人感受，提升职业技能，保证优质休息

许多客服人员陷入"勤能补拙"的误区，实际上是为了逃避对工作内容的研究思考选择放弃个人感受、机械工作的结果。当客服人员感受到压力明显提升时要照顾自己感受，暂时脱离当前工单的服务思维，探究客户需求、分析处理方式，避免无意义的机械操作。

（五）正视工作环境客观性，培养健康身心

工作内容决定了客服人员需要持续保持坐姿多个小时，对耐力、体力有很高的要求，因此，增强自己的体质也是缓解压力的有效方法之一。定时起身简单活动，日常抽出半小时进行简单锻炼，将注意力集中到运动上，都能有效调节压力，健康的体魄才能滋养健康的心理。

三、压力缓解和自我调节措施

（一）利用音乐舒缓压力

客服人员可以通过播放舒缓的轻音乐或轻松的流行乐来放松心情，如自然音、咀嚼音等白噪声，为自己提供陪伴感及舒缓、愉悦、缓解焦虑的轻松感。

（二）利用美食提升幸福感

过多饮食会造成肥胖等亚健康问题，但在情绪消极时适度补充甜食等美食能够快速补充能量缓解疲劳、刺激多巴胺分泌舒缓心情，因此可以短时间内提升幸福感、应对压力。

（三）利用写作带动表达欲

当面临过大压力时很多人会"没有力气说出来"导致无法舒缓，可以通过写日记、做手账的形式进行记录，带动自己的倾诉欲和表达欲，在自我认知的过程中消解部分负面情绪。

（四）与亲朋相聚、亲近自然，感染外界正面情绪

正面情绪容易感染客服人员，因此可以在下班后与亲朋好友聚会或步行骑行甚至来一趟说走就走的旅行，感染外界正面情绪，达到应对压力、放松心情的效果。

（五）获取优质睡眠，释放压力

近年来睡眠障碍越来越受到社会、政府及学者的重视，因此出现了专业的机构和报告信息，电子商务客服人员可以通过采集相关报告信息、认知睡眠问题、学习优质睡眠方法来获取优质睡眠，并且释放压力、获得能量。

知识拓展

解决睡眠困扰，走出压力困扰

中国睡眠研究会在《2024年情绪与健康睡眠白皮书》中提到，睡眠与情绪的关系是紧密相连、高度相关的，睡眠困扰和情绪困扰通常交织出现。其也给出了获取优质睡眠的方法：睡个好觉＝充足的睡眠动力＋稳定的昼夜节律＋尽量减少过度觉醒。大众最常通过"看视频听音乐"的休闲方式来缓解情绪困扰，52%的用户会选择改善自己的睡眠环境，具体包括换床垫、换柔软亲肤的床品，改善卧室的光线、隔音效果，戴眼罩来调整光线等。

实战演练

知识攻坚里总结了5种主要压力源，但在实际工作中，电子商务客服工作人员的压力源要更多、更细。请同学们阅读资源包中关于压力管理的资料，拓展夯实对压力的认知，强化对压力调节手段的掌握。2位同学一组，分别以电子商务客服人员的角度写5句对当前压力的阐述，双方交换纸条，判定对方的压力源，通过换位思考分析应当如何进行自我调节，开展实训模拟，完成后进行归纳总结，教师进行点评。

项目提升

实训名称： 参观真实客户服务工作过程。

实训背景： 随着岗课赛证融通，校企合作深度合作的背景下，很多企业向学校开放了参观体验活动。学生看到真实的客服工作过程，对客服流程和沟通过程有深入理解，能够提前帮助学生建立起职业思维，让他们在学习中把握重点，培养自己的语言表达能力和沟通技巧，学习前辈乐观积极的心态，强化抗压能力，能够进一步拓宽升学就业的渠道。

实训目的： 提高电商综合技能，积极备赛并参加，争取取得更好的成绩。

实训过程：

1. 参观真实客服工作过程。

2. 分析电子商务客服工作面对的工作环境，分析老员工们使用了哪些沟通技巧、客户一般有哪些类型和大概占比，了解电子商务客服人员如何管理情绪、调节压力。

项目小结

通过本项目的学习，同学们掌握了客服沟通技巧，能够在客服过程中有效进行情绪管理并运用语言艺术调整客户沟通方式。在实训过程中，培养了学生尊重客户、尊重自身、尊重竞争对手的平等意识，培养了换位思考的共情能力和健康正向的积极心态，学生通过积极参加竞赛，提升了实践技能，也增加了升学机会。

请根据本项目的工作任务，谈谈学习收获和不足之处。

项目 3　沟通篇：客户服务沟通技巧

项目反馈

请根据工作任务，谈谈个人的学习收获，不足之处和完善改进措施，并对整个项目的工作成果进行评价反馈，对自己、队员进行打分。组间指的是不同组别之间评分，由各组内成员共同商议给出。教师评价是教师对学生所在小组或个人情况的评分。学习评价反馈表如表3.3.2所示。

表 3.3.2　学习评价反馈表

项目	评价项目	评价内容	评价维度				
			自我评价/25%	队员评分/25%	组间评分/25%	教师评价/25%	总分/100%
小组名称		小组成员					
客户服务沟通技巧	知识学习	1. 能明确电子商务客户类型。（10分） 2. 能汇总沟通技巧。（10分） 3. 能提出电子商务客户服务人员情绪调节的方法。（10分）					
	技能训练	1. 能判断客户类型并独立解答客户问题。（10分） 2. 能调节个人情绪与压力，顺利获取客户反馈信息。（10分） 3. 针对国赛、省赛样题，有技巧地开展与客户的沟通。（20分）					
	素养提升	1. 按时上下课，并按照要求完成课前作业，预习课后作业。（10分） 2. 学习态度端正，积极参与课堂活动，遵守学习和实训场室管理规定。（10分） 3. 学习实践中，提升人格平等、心态积极、换位思考的职业理念。（10分）					
	学习收获						
	完善提高						

项目 4

处理篇：售前咨询接待

项目情境

升学就业并重，技能成就人生

推进职普融通、产教融合、科教融汇，优化职业教育类型定位是党的二十大报告提出的战略。鼓励学生利用产教融合的机会，熟练掌握专业技能，是升学就业并重，拓宽学生成长成才通道的重要路径。

敬业职业技术学校和星星之火工作室电子商务专业产教融合项目主要涉及电子商务客服业务，近期随着业务拓展，增加了直播客服岗位。工作室客服主管很注重培养学生的岗位实操技能，也非常有耐心地指导学生，王秀和李刚的实操技能得到了很大的提升。

学校任课老师刘老师最近在积极选拔参加电子商务运营技能竞赛的学生。以往几年，学生以精湛的专业技能取得多次国赛省赛的一等奖，学生通过参加技能竞赛入学多所国内一流高职院校。李刚由于技能水平突出，进入了选拔范围。

学习目标

知识目标：
1. 熟练掌握商品知识
2. 熟知售前服务流程
3. 掌握客户异议产生原因
4. 掌握客户的需求
5. 掌握直播客服案例的相关知识

能力目标：
1. 精通咨询问题分类
2. 熟练解答客户售前咨询
3. 学会分析客户异议处理措施
4. 能够撰写客户异议处理方案

项目4 处理篇：售前咨询接待

5.能够引导客户下单和关联销售

素质目标：

1.培养学生的职业技能和精益求精的学习态度

2.提高学生团队协作与沟通能力

3.引发学生对个人升学就业的切身思考

思维导图

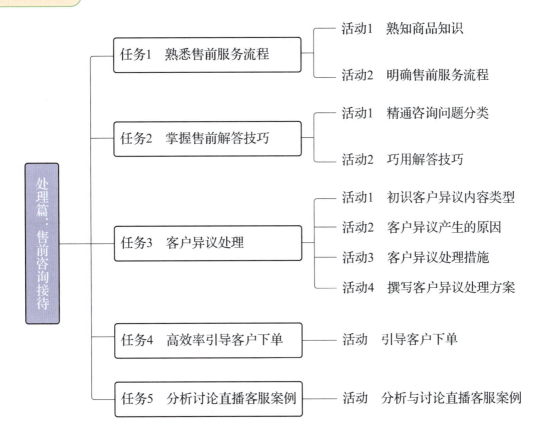

任务1 熟悉售前服务流程

任务导入

李刚小组的同学报名加入了女装组的售前客服团队，工作人员要求他们首先要熟悉售前客服的服务流程，才能够应对顾客的咨询。李刚小组在刘老师及企业导师的帮助下，开始学习售前服务流程。

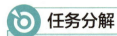 **任务分解**

根据售前服务流程任务规划，李刚小组需要先熟悉商家销售的商品，这是开展售前服务的基础。其次要明确售前服务流程，只有深入学习售前服务流程，才能够更有效地与客户进行沟通，准确理解客户需求，并提供专业、有针对性的解决方案。这不仅能够提升客户满意度，增强客户对产品的信任感，还能够为销售过程奠定坚实基础，提高销售转化率。

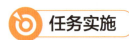 **任务实施**

活动1 熟知商品知识

活动描述

李刚小组在工作室导师的带领下开始熟悉商品知识。企业导师让李刚小组先从某女装店铺的一款爆款连衣裙入手，熟悉女装商品知识。

知识攻坚

作为一名售前客服，在与客户沟通的过程中，大部分内容是围绕商品本身进行的。能够及时准确地回复客户咨询，这是客服工作的基础和核心，直接关系到客户满意度、销售转化率和店铺的长期发展。因此，客服人员应该掌握一定的商品知识，以确保能够为客户提供准确、专业的服务。

一、商品知识

商品知识包括但不限于商品基本参数、规格型号、功能特点、使用安装、保养维护、真伪鉴别、物流及售后、相关拓展知识等。

（一）商品基础知识

商品基础信息包括了商品的名称、型号、规格、尺寸、材质、成分、生产工艺等。例如：在服装类商品的客户咨询中，经常会出现面料和尺码知识的咨询，这就要求客服要具备一定的服装面料、尺码推荐等基础知识。客服熟悉商品基础知识，能够更加准确地向客户介绍产品，详细解答客户关于商品的疑问，从而增强客户对产品的信任感和购买意愿。

（二）商品功能知识

商品的功能主要有核心功能和附加功能。核心功能是商品最基本的用途或作用，直接反映了商品的价值所在。例如，一款电饭煲的核心功能是煮饭、保温。除了核心功能外，商品还可能具备一些附加功能，这些功能能够增加商品的竞争力，满足用户更多元化的需求。例如，电饭煲除了基本的煮饭和保温功能外，还具有远程预约、智能控温等附加功能。通过全面、准确

项目4 处理篇：售前咨询接待

地描述商品的功能特点，网店客服能够更好地向消费者介绍商品，帮助消费者了解商品的价值和优势，从而提高销售转化率。

（三）商品使用安装知识

商品使用安装知识指的是关于商品如何正确使用、安装、配置以及调试等方面的详细信息和步骤，包括了商品的使用说明、安装指南、配置要求以及调试方法等内容，旨在帮助客户顺利地使用商品。

（四）商品保养维护知识

商品保养维护知识指的是关于商品日常保养、清洁、维护以及故障排查等方面的知识和技巧。它涵盖了商品的正确使用方式、保养周期、清洁方法、存储条件，以及遇到常见问题时的处理措施。了解这些保养维护知识，有助于消费者延长商品的使用寿命，保持其良好的性能和外观，减少因不当使用或缺乏维护而导致的损坏或故障。例如：客户在购买水果后，作为客服，应该指导客户进行合理储存和催熟。

（五）商品真伪鉴别知识

随着电子商务的蓬勃发展，不法分子利用网络平台销售假冒伪劣商品的现象日益增多，给消费者带来了严重的经济损失和安全隐患。因此，客服人员掌握商品真伪鉴别的能力至关重要。通过深入了解商品的品牌特征、包装细节、防伪标识等方面的知识，能够指导客户准确判断商品的真伪，为客户提供可靠的购物保障。例如：一些品牌服饰，客服人员应该及时指导客户通过防伪标识进行验货。因此，客服人员必须不断学习和提升自己的商品真伪鉴别能力，确保为消费者提供安全、可靠的购物服务。

（六）商品物流及售后知识

商品物流及售后知识，包括了解商品的发货流程、运输方式、预计送达时间、跟踪查询方法，以及售后服务的政策、退换货流程、维修支持等方面。

（七）商品相关拓展知识

商品的拓展知识通常指的是除了商品本身的基本信息、功能、规格等直接相关的知识外，还包括与商品相关的其他领域的知识，包含一些使用技巧、搭配建议、品牌文化等。例如，女装店铺内销量火爆的一款裤子，搭配什么样的上衣会更显时尚，不同肤色适合什么颜色等。这些拓展知识可以帮助消费者更全面地了解商品，提高购买决策的准确性和满意度。

二、获取商品知识

客服获取商品知识的途径多种多样，以确保他们能够提供准确、专业的服务。以下是一些主要的获取商品知识的途径。

（一）内部培训

公司通常会为客服人员提供定期的内部培训，内容涵盖商品的基础知识、功能特点、使用方法、售后服务政策等。这些培训通常由产品专家或资深客服人员负责，旨在确保客服团队对商品有深入的了解。除此之外，客服人员应该加强与团队的交流，了解商品的最新动态、功能更新、技术细节等。这种直接的沟通方式能够确保客服人员获取到最准确、最及时的商品信息。

（二）产品手册和资料

客服人员可以通过查阅产品手册、说明书、用户指南等厂商提供的官方资料，也可以通过商品详情页、商品包装盒或吊牌等资料获取详细的商品信息。这些资料通常包含了商品的关键信息和使用说明。

（三）人工智能等学习平台

客服人员可以借助人工智能工具，快速查询学习各种商品知识，人工智能的出现给客服人员提供了更加灵活的学习方式，使客服人员可以根据自己的时间安排进行学习。常用的人工智能工具有：豆包、ChatGPT、文心一言等。例如：面对客户询问关于真丝面料的洗涤知识，客服可以快速通过人工智能工具获取。使用人工智能查询真丝面料的洗涤知识如图4.1.1 所示。

图 4.1.1　使用人工智能查询真丝面料的洗涤知识

（四）客户反馈

客服人员可以通过多种途径获取商品知识，以确保他们能够提供准确、专业的服务。客户在使用商品过程中遇到的问题和反馈是客服人员获取商品知识的重要途径。客服人员应该认真倾听客户的声音，记录客户的问题和建议，以便了解商品的不足之处并改进服务质量。

同时，客服人员应该保持学习的态度，不断积累并更新自己的知识体系，以应对市场的变化和客户的需求。

小试牛刀

各小组同学合作探究，灵活应用所学知识，对企业提供的爆款连衣裙图片及链接资料进行分析，收集以下商品知识，并完成爆款连衣裙商品知识收集（表 4.1.1）。

表 4.1.1　爆款连衣裙商品知识收集

序号	商品属性	商品相关描述
1	品牌	
2	版型	

续表

序号	商品属性	商品相关描述
3	风格	
4	面料	
5	裙长	
6	领型	
7	裙型	
8	袖型	
9	颜色	
10	商品尺码	
11	尺码推荐	
12	适用人群	
13	洗涤养护建议	
14	搭配建议	
15	物流及售后	

活动拓展

作为售前客服,对商品知识的学习确实是一个持久且不断积累的过程。使用人工智能工具可以帮助客服快速获取知识,提高工作效率。常用的人工智能工具有文心一言、讯飞星火、腾讯混元大模型、豆包、ChatGPT 等。

活动2 明确售前服务流程

活动描述

李刚小组已经完成了对企业爆款连衣裙的商品知识的学习,接下来,在企业导师的带领下,他们开始熟悉售前客服的服务流程。

知识攻坚

售前客服是客户服务团队中的一个关键角色,主要负责在客户购买产品或服务之前提供咨询、解答疑问、提供建议,以及帮助客户做出购买决策。售前客服的服务是客户体验的第一道关卡,售前客服在接待客户时应始终保持良好的服务态度,以专业技能和真诚服务打动客户,为客户提供专业、贴心的全面服务。

一、售前服务流程

售前客服的服务流程（图4.1.2）通常包括以下几个步骤。

（一）欢迎与问候

态度决定一切，售前客服在接待客户时要端正服务态度，确保始终保持热情、礼貌、耐心和尊重的服务态度。客服人员对初次到访的顾客表达欢迎与问候，不仅体现了基本的礼貌和尊重，更是构建良好

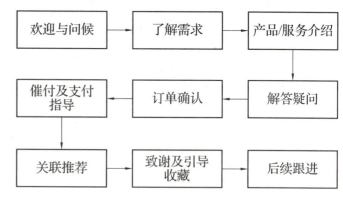

图 4.1.2　售前客服的服务流程

客户关系的第一步，能够迅速拉近客服与顾客之间的距离，让顾客感受到被重视和尊重。面对第一次到访的客户，首先要使用欢迎语对客户的到访表示欢迎，并且进行简短的自我介绍，让客户了解客服的角色和能够提供的帮助，给客户以信任感。这种信任感是后续沟通和服务的基础，对顾客满意度的提升至关重要。

（二）了解需求

网店售前客服在与客户交流时，及时了解客户的需求是至关重要的。对未明确表达需求的顾客，客服应该引导客户说出自己的需求，例如："请问有什么可以帮助您的呢""您有什么不清楚的地方，小二都可以为您解答呢""您是想咨询一下我们这款T恤吗"。通过主动询问，引导客户说出想要咨询的问题，才能更加精准地解决客户的需求。

（三）产品/服务介绍

售前客服在接待客户时，需要根据客户的具体需求，精心挑选并推荐最适合的产品或服务，详细地向客户解释产品或服务独特的卖点、显著的优势、丰富的功能以及店铺近期的促销活动。

（四）解答疑问

当客户对推荐的产品或服务产生疑问时，售前客服应当迅速而敏锐地捕捉到这些疑问，及时、准确地解答，消除客户的疑虑。解答疑问不仅仅是为了解答问题而进行机械化的回复，更是为了帮助客户找到最适合自己的产品或服务，提升整体的购物体验。对一些专业性较强的信息，客服要懂得如何以通俗易懂的语言，将复杂的技术细节或服务流程转化为客户易于理解的信息。

（五）订单确认

在客户决定购买产品或服务后，售前客服需要与客户确认订单信息，包括产品/服务名称、数量、价格、配送地址等。

（六）催付及支付指导

当遇到客户下单后未及时支付的情况时，客服会首先通过温和的语气发送一条提醒消息，

向客户发送支付提醒通知。通知中应包含订单信息、支付截止时间以及支付方式等关键信息。在催付通知中，使用礼貌、友好的语气，避免给客户带来压迫感。客服还应该主动为客户提供支付指导，详细解释支付流程以及不同支付方式的操作方法，确保客户能够顺利完成支付，从而享受到愉快的购物体验。

（七）关联推荐

关联推荐在电子商务客户服务中是一个非常重要的策略，不仅可以帮助提高转化率，还能提升客户满意度和忠诚度。客户如果因为各种原因没有下单，客服可以适当进行商品推荐，如店铺内同类商品、近期热销商品等。客户如果已经完成支付，客服可以适当推荐店铺热销商品、搭配商品。

1. 当客户没有下单时

同类商品推荐：分析客户浏览和搜索的历史记录，推荐与其兴趣点相匹配的同类商品。强调这些商品与客户已关注商品的相似之处及独特之处，如功能、材质、风格等。

近期热销商品推荐：展示店铺内近期热销的商品，并解释热销的原因，如优惠活动、新品上市、季节需求等。可以通过销售数据、客户评价等信息来证明商品的品质和受欢迎程度。

个性化推荐：根据客户的购买历史和浏览行为，进行个性化的商品推荐。例如，如果客户经常购买运动装备，可以推荐最新的运动鞋或运动配件。

2. 当客户已完成支付

热销商品推荐：在客户完成支付后，表示感谢，并附带店铺内其他热销商品的推荐。这不仅可以增加客户的复购率，还能提高店铺的整体销售额。

搭配商品推荐：根据客户购买的商品，推荐与之搭配的其他商品，如配件、补充品或升级产品。强调这些搭配商品与已购商品的互补性和整体效果，激发客户的购买欲望。

（八）致谢及引导收藏

客户在完成订单确认及支付后，客服应该向客户表示感谢，并引导客户收藏店铺，希望客户再次光临，为店铺的未来发展积累了宝贵的客户资源。

（九）后续跟进

如有需要，售前客服可以为客户提供后续的服务支持，如发货通知、物流跟踪等。

二、售前客服的服务流程模拟任务

为了进一步让小组成员掌握售前客服的服务流程及要点，企业导师和刘老师给他们布置了以下模拟任务。

假设你现在是一家童装店铺的售前客服。现在有一位顾客来咨询您，她想要给自己两岁的女儿购买一款地板防滑袜，请根据售前服务流程要点，结合任务素材，进行客服回复，完成售前客服回复（表4.1.2）。

任务素材

表 4.1.2　售前客服回复

序号	售前服务流程	售前客服回复
1	欢迎与问候	
2	了解需求	
3	产品/服务介绍	
4	解答疑问	
5	订单确认	
6	催付及支付指导	
7	关联推荐	
8	致谢及引导收藏	
9	后续跟进	

活动拓展

作为售前客服，应时刻保持良好的服务态度，确保为客户提供贴心专业的服务体验。服务态度对建立客户信任、提升客户满意度以及促进销售转化至关重要。优质的服务态度能够有效传达企业的关怀与专业，为客户提供良好的购物体验。

任务 2　掌握售前解答技巧

任务导入

李刚小组的同学通过学习，已经掌握了售前服务流程，对售前客服的服务要点有了基本的认识，但是对具体的客户咨询，还欠缺一些应对解答技巧。李刚小组在刘老师及企业导师的帮助下，开始学习售前解答技巧。

任务分解

根据售前解答技巧任务规划，李刚小组需要先精通客户常见的几类咨询问题，并能够针对不同类型的咨询问题，运用对应的解答技巧进行合理且专业的回答。

项目4　处理篇：售前咨询接待

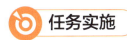 任务实施

活动1　精通咨询问题分类

活动描述

李刚小组在企业导师的带领下开始熟悉客户常见的几类咨询问题。在企业导师的安排下，他们先从某女装店铺的售前客服见习岗位开始，总结归纳常见的咨询问题。

知识攻坚

一、常见问题分类

客户在购物过程中经常会咨询各种问题，常见的几类问题主要有产品类问题、包装规格或尺码类问题、价格及优惠类问题、发票类问题、安装维护类问题、物流及售后类问题等。

（一）产品类问题

产品类问题是客户咨询最多的问题，主要围绕产品的功能、材质、成分、颜色、款式等属性进行咨询。

案例： 客户在购买一款智能手机时，会咨询："这款手机的拍照效果如何？电池容量多大？是否支持快充功能？"；客户在购买一款连衣裙时，会咨询："这款连衣裙的材质会缩水吗？"

（二）包装规格或尺码类问题

对服装、鞋类、箱包等产品，客户会特别询问商品的尺码信息，以确保选购的商品符合自己的身材或需求。

案例： 客户在购买外套时，会咨询："这款外套的尺码是否标准？我应该选择哪个尺码？""我身高170 cm，体重60 kg，我穿XL码会大吗？"

对零食、生鲜、洗护用品、日用品等产品，客户比较关心产品的重量及容量，以确定是否需要购买。

案例： 客户在购买苹果时，会咨询："5斤装的苹果有包含包装物的重量吗？"；客户在购买面膜时，会咨询："这款面膜一盒多少片？"；客户在购买水杯时，会咨询："这个水杯的容量是多少毫升的？"

对家电、家具等产品，客户可能会关注商品的尺寸是否适合家庭空间，以及是否需要特殊安装条件。

案例： 客户在购买实木床时，会咨询："这个1.8米宽的床，包含床头后的尺寸是多少？"

（三）价格及优惠类问题

1. 商品价格咨询

客户会直接询问某款商品的具体价格，包括是否还可以便宜，是否已经包含税费、运费等

额外费用，以便他们了解购买该商品所需支付的总金额。

案例： 客户在购买实木床时，会咨询："这个价格是否包含上楼送货的费用？"；客户在购买连衣裙时，会咨询："这个价格还可以再优惠点吗？"

2. 优惠活动详情

很多客户在下单前，想了解当前正在进行或即将开始的优惠活动，包括折扣幅度、活动时间、活动规则以及哪些商品参与活动等信息。客户在获得优惠活动权限后，可能还会询问如何使用已经获得的优惠券码，以及这些券码是否有限制条件（如最低消费金额、商品类别限制等）。他们希望通过参加优惠活动来获得更多的购物优惠。

案例： 客户在购买连衣裙时，会咨询："现在有优惠券可以领取吗？""这个优惠券是现在下单就可以使用吗？"

3. 价格比较与竞争力

客户可能会询问网店的价格是否与其他平台或实体店相比具有竞争力，以及价格差异的原因。他们希望确保自己获得的是最合理的价格。

案例： 客户在购买连衣裙时，会咨询："这个怎么跟实体店是一个价格呀，网上不是应该更便宜吗""我看到网上还有更便宜的，为什么你们的要贵20块？"

4. 会员专享优惠

对网店会员，客户可能会咨询会员所能享受的优惠政策和特权，如会员专享折扣、积分兑换等。他们希望了解如何通过成为会员来享受更多的优惠和福利。

案例： 客户在购物时，会咨询："我是店铺会员，退货有运费险吗""我的积分已经到5 000了，可以参与免单抽奖吗？"

（四）发票类问题

客户在购物后需要开具发票，会特别关心商家是否能够开具发票，以及发票的开具类型（如增值税普通发票、增值税专用发票等）、开票时间、开票明细等。

案例： 公司采购员在购买办公用品时，会咨询："请问我购买的这些商品能否开具增值税专用发票？"

（五）安装维护类问题

对服装、鞋类、箱包等产品，客户会咨询一些使用过程中的养护问题。

案例： 客户在购买真丝睡衣时，会咨询："请问真丝睡衣长期放衣柜里需要防虫吗？"客户在购买皮鞋时，会咨询："请问皮鞋不穿的季节，应该怎样保养，确保不发霉？"

对食品类产品，客户会咨询一些储存、制作方法等问题。

案例： 客户在购买芒果时，会咨询："这种芒果适合榨汁吗？""这种芒果需要催熟吗？"

对一些需要安装的产品，如家电、家具等，客户会询问安装服务是否免费，是否需要预约安装时间，以及安装过程是否复杂等。对一些有复杂安装步骤的产品，客户可能会要求提供详细的安装指南或视频教程。安装问题咨询如图4.2.1所示。

案例： 客户在购买一台洗衣机后，会咨询："这台洗衣机是否提供上门安装服务？安装过程需要多长时间？"

（六）物流及售后类问题

客户在下单时会非常关心物流及售后问题，如：发货时间、预计送达时间、物流运送方式、能否指定快递以及售后服务政策。对延期发货或异常情况，客户希望了解具体原因并尽快得到解决方案。

案例： 客户在下单时，会咨询："请问我现在下单，什么时候发货？大概什么时候能够送到？""支持退换货吗？有没有运费险？"

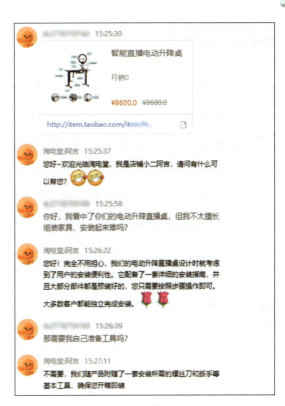

图 4.2.1　安装问题咨询

行业观察

请以见习女装店铺为例，分别列举出女装客户最常见的咨询问题（表 4.2.1）。

表 4.2.1　女装客户最常见的咨询问题

序号	问题分类	列举女装常见咨询问题
1	产品类问题	
2	包装规格或尺码类问题	
3	价格及优惠类问题	
4	发票类问题	
5	安装维护类问题	
6	物流及售后类问题	

活动拓展

《中华人民共和国消费者权益保护法》第二十二条明确指出，经营者提供商品或者服务时，应当按照国家有关规定或者商业惯例向消费者出具发票等购货凭证或者服务单据。消费者索要发票等购货凭证或者服务单据的，经营者必须出具。

天猫商家必须遵守相关法律法规和平台规定，不得以任何理由拒绝客户开具发票的要求。在天猫平台上，如果商家拒绝提供发票，平台将采取一系列措施来维护消费者权益。对淘宝网的个人店铺来说，并没有强制要求必须开具发票。因为个人店铺通常不具备开具增值税发票的资格，除非已经注册为个体工商户或公司并获得了相应的税务登记。

活动2　巧用解答技巧

活动描述

李刚小组同学通过见习某女装店铺的售前客服岗位工作内容，熟悉了女装店铺中常见的咨询问题。接下来，在刘老师和企业导师的带领下，他们开始学习这些问题对应的解答技巧。

知识攻坚

对客户的咨询，售前客服掌握一些基本原则和解答技巧是非常有必要的，这对提升客户满意度和促成交易至关重要。

一、售前客服解答基本原则

（一）快速响应

确保在客户提出问题后能够迅速回复，避免让客户等待过长时间。每次回答客户问题，客户等待时间以6秒内为宜，不能超过20秒。首次到访打招呼的时间不能超过15秒。如回答内容太长，可以分次回答。对需要进一步请示或者核实的问题，要告知客户预计的回复时间。这就要求客服的打字速度要快，且不能有错别字，还可以通过优化工作流程、适度使用快捷回复等方式实现快速响应。

（二）友善礼貌

客服应该始终保持友善和礼貌的态度，多使用"您好""谢谢""请""不好意思""请您稍等"等礼貌用语，并且可以在结尾使用"哦""呢"等语气词，使语调柔和。始终保持友善礼貌的态度，建立良好的客户关系，提高客户满意度。

（三）实事求是

当客服解答客户问题时，要遵循实事求是的原则，确保所提供的信息准确清晰、真实客观，不夸大也不缩小，更不应该虚构商品功效，忽悠客户下单。

（四）清晰明了

客服在回答客户问题时应该简洁明了，避免使用过于复杂或专业的术语。如果必须使用专业术语，可以给出解释或示例以帮助客户理解。

（五）耐心倾听

客服在回答问题时，要耐心倾听客户的需求和疑问，准确地把握客户的问题，并给出更合适的解答。对客户的一些看法，应该充分尊重客户的观点和选择，不贬低或轻视客户的意见。

（六）主动引导

在解答过程中，可以主动引导客户关注产品的优点、特性或促销活动等信息，以促进销售。但要注意不要过于推销，避免引起客户反感。

（七）避免否定及直接拒绝

如果客户提出的要求无法满足或难以直接回答，尽量避免直接否定或者拒绝。可以尝试解释原因，并提供其他可行的建议或替代方案。

小试牛刀

请根据下列客户咨询问题，结合售前客服解答基本原则，对比分析不同客服的解答并进行点评，选出最合适的应答，完成不同客服解答示例（表4.2.2）。

表 4.2.2 不同客服解答示例

序号	客户咨询	不同客服解答示例	对比分析
1	客户：这款衣服可以优惠吗	客服 A：不能的	
		客服 B：亲，现在下单可以享受满200减10元的优惠哦。喜欢的话赶紧拍下吧	
		客服 C：亲，不能再优惠啦，已经是最低价了	
2	客户：这个价格太贵了	客服 A：亲，不贵的哦，才几十块	
		客服 B：亲，贵吗？简直不要太划算啦，抓紧机会赶紧下单吧	
		客服 C：亲亲，价格上可能是有一点小贵，但是我们的质量好很多哦，一分钱一分货呢	
3	客户：虽然划算，但是我不想要多买，买太多了也浪费	客服 A：不会浪费的，这个是经典款，可以多穿两年呢	
		客服 B：好的，买一件也可以的，抓紧时间下单吧	
		客服 C：亲真是持家有道哦。不过我们这款是经典款，不容易过时。现在买2件要省不少呢。亲还可以多买一件换着穿，或者送给家里的姐妹们呢	
4	客户：老板，在吗	客服 A：在的，需要什么可以拍下	
		客服 B：你好，亲，在的，你要咨询什么问题	
		客服 C：您好，在的。亲，欢迎光临××旗舰店。我是您的贴心服务管家笑笑，很高兴为您服务。请问有什么可以为您效劳的呢	
5	客户：我再考虑下	客服 A：好的，亲	
		客服 B：亲，我们这款宝贝是本店的爆款，顾客反馈很不错呢。现在也是活动价，非常划算的呢	
		客服 C：亲，我们这款顾客反馈很好的呢。我给您发放几张实拍图来看看呢。现在也是活动价，非常划算的呢。喜欢的话赶紧入手吧	

续表

序号	客户咨询	不同客服解答示例	对比分析
6	客户：好纠结，这么多颜色，不知道要买哪个颜色	客服A：亲，不要再纠结啦，都很好看，喜欢赶紧下单吧	
		客服B：亲，灰色和白色是我们这款的主打色，也是我们卖得比较好的两个颜色，您要选择哪一个颜色呢	
		客服C：亲，灰色和白色是我们这款的主打色，也是我们卖得比较好的两个颜色。灰色穿起来比较显得高贵，白色比较百搭也能够提亮肤色。亲还喜欢哪个颜色呢，我可以给您看看实拍图呢	
7	客户：我还没付钱	客服A：您好，因为什么没有付款呢	
		客服B：亲，是不是不会操作？哪一步有问题，告诉我	
		客服C：亲，您拍的订单还没有付款呢，是不是支付过程中遇到什么问题了，有什么需要帮忙的吗？您尽快付款后，我们可以尽早给您安排发货呢	

二、常用问题解答技巧

售前客服在面对客户常见的咨询问题时，需要熟练掌握一系列常用解答技巧。通过有效的沟通技巧和专业知识，售前客服能够迅速建立起客户的信任，为后续的销售和服务奠定坚实的基础。常用问题的解答技巧如表4.2.3所示。

表 4.2.3 常用问题的解答技巧

序号	问题分类	解答技巧
1	产品类问题	简洁准确、实事求是，不夸大产品功效
		肯定商品，不随意贬低自身产品
		针对客户疑虑给出专业建议
2	包装规格或尺码类问题	杜绝模棱两可的话语，要能够根据客户需求给予恰当的推荐
		强调因人而异，可结合实际考虑
		可以将尺寸、重量等数值具象为生活中常见的可选参照物
3	价格及优惠类问题	提供准确价格，并解释价格背后的价值、强调优质售后服务
		主动介绍店铺当前的优惠活动
		灵活应对，适当给予一定的优惠或赠品
4	发票类问题	清晰告知店铺发票政策
		遵纪守法，不违规开发票
		核对确认客户开票信息
5	安装维护类问题	了解客户对安装和维护的具体需求，包括产品的安装环境、使用频率等
		提供清晰、具体的安装指南，必要时可提供视频教程或联系技术员进行远程协助
		给出维护建议
6	物流及售后类问题	准确提供发货时间、预计送达时间以及物流查询方式
		若物流出现延误或其他问题，应主动告知原因，并提供解决方案，如更换快递或补偿措施
		详细解释退换货政策

项目4 处理篇：售前咨询接待

案例解析

请结合不同类型问题的解答技巧，对比分析案例解析（表 4.2.4）中客服 A 与客服 B 的解答，并进行讨论点评。

表 4.2.4 案例解析

序号	问题分类	案例解析
1	产品类问题	客户：这个黑色T恤会掉色吗？ 客服A：亲，正常情况下黑色衣服第一次洗都会掉色的，以后就不会了。 客服B：亲，我们这款T恤是有特有的固色工艺的，质量很好，不会掉色的。不过黑色衣服第一次洗可能会掉少许的浮色，洗过之后是不会掉色的。建议亲第一次洗的时候不要用太热的水哦
2	包装规格或尺码类问题	客户：我想买这件衣服，我身高165cm、体重50kg，买什么尺码呢，M还是L更合适？ 客服A：亲，这我也说不好呢，建议您再看看尺码表。 客服B：我们根据您的身高体重，正常情况下建议亲选择L码是比较合适的呢，不过我们建议亲可以结合自己的体型和喜好，参照我们的尺码表再看看呢
3	价格及优惠类问题	客户：能不能再便宜点呢，给我便宜10元我就下单了。 客服A：不行哦，我们可不是老板，没有这样的权力。 客服B：亲可以点这个链接领取下我们的优惠券，享受我们的活动价呢。这个价格真的是很优惠的价格啦，建议亲早点拍下呢
4	发票类问题	客户：你们店铺可以开发票吗？ 客服A：亲，这款是特价商品，不支持开发票哦。 客服B：关于发票，我们支持提供正规发票。请在下单时备注您需要的发票类型（如增值税普通发票或专用发票），以及发票抬头信息。我们会根据您提供的信息开具发票，并在您收到商品时随包裹一同寄出。如果您在下单后忘记备注，也可以在订单完成后及时联系我们的客服进行补开
5	安装维护类问题	客户：这款牙刷置物架怎么安装？ 客服A：您好，这款置物架安装非常简单的，您可以看下附赠的说明书，一看就明白了。 客服B：您好，这款牙刷置物架是胶粘壁挂式的哦，安装非常轻松，适用于瓷砖、pvc等大部分墙面，一贴一挂、免钉免钻、随意揭盖墙面不会留胶哦
6	物流及售后类问题	客户：我下单了，你们什么时候发货？ 客服A：好的，亲，我们会尽快发出的。 客服B：感谢亲的支持，我们今天内会给亲安排申通快递发出的，再过几天，您就可以穿到我们这款美美的衣服啦。亲还可以收藏我们的店铺，我们经常有老顾客回馈活动呢

直通职场

请各小组同学以工作室客户某女装店铺为例，运用所学知识，讨论下列不同情景之下，售前客服应该予以怎样的解答，并完成售前客服回复（表 4.2.5）。

表 4.2.5　售前客服回复

序号	情景描述	售前客服回复
1	客户第一次到访,发送"在吗？在吗？"	
2	客户担忧该款连衣裙的材质洗涤后会起皱变形,发送"这种材质会不会容易起皱,可以机洗吗？"	
3	客户在咨询某款连衣裙后,发送"我觉得这个连衣裙有点太长了,我穿不好看,先不买了"	
4	客户想凑单使用优惠券,发送"我还想买一件跟这款风格不一样的连衣裙,一起下单可以使用200减10元的券吧？"	
5	客户咨询店铺某款连衣裙,发送"我50kg、168cm,穿什么码数？"	
6	客户咨询售后政策,发送"不合身,可以退换吗？"	
7	客户成功下单并且已经完成付款,发送"我已经下单了"	
8	客户下单后三天,发送"怎么还没有收到货呢？"	
9	客户咨询发票政策,发送"这款连衣裙149元,可以给我开成299元吗？"	
10	客户收到货后一个月,发送"这个真丝裙子不穿了,放衣柜会不会被虫子咬坏了？"	

活动拓展

某家电子商务平台的售前客服在销售一款健康食品时,多次在与客户沟通时夸大其功效。他们宣称这款食品能够治愈多种慢性疾病,如心脏病、糖尿病等,并声称只要长期服用,就可以完全摆脱这些疾病的困扰。这些宣传言辞明显超出了商品的实际效果,误导了消费者。

随后,有消费者向市场监管部门投诉了该电子商务平台和售前客服的夸大宣传行为。市场监管部门经过调查,发现该电子商务平台的售前客服确实存在夸大商品功效的情况,违反了《中华人民共和国广告法》的相关规定。

任务3　客户异议处理

任务导入

随着工作室的业务增多,随之增加的客户异议,给客服岗位带来了更多的挑战。工作室的新员工有些无法招架,开始和王秀抱怨业务量大忙不过来,客户很爱挑毛病,刁难客服人员。于是他们去请教客服主管,张主管给她们分析到:只有真正的客户才会注意交易的各种细节,并前来咨询。

项目4 处理篇：售前咨询接待

客户异议的基础是客户有需求，客服人员如果能及时解决客户的疑虑，满足客户需求，就能转化成交。

刘老师最近在积极选拔参加电子商务运营技能竞赛的学生，李刚由于技能水平突出，进入了选拔范围。电子商务运营技能竞赛客服模块对异议处理的考核是很重要的一个环节。

任务分解

如果想全面掌握客户异议处理，就要先认识客户异议，然后了解客户异议类型，并分析客户异议产生的原因，再学会不同的客户异议的处理措施，竞赛还要求会撰写客户异议处理方案。

任务实施

活动1　初识客户异议内容类型

活动描述

王秀在客服主管张主管的带领下，开始搜集异议处理的案例，通过总结归纳，发现异议处理的共同特点，对客户异议进行分类。

知识攻坚

一、什么是客户异议

客户异议是指在产品或服务的购买决策过程中，潜在客户对商品质量、价格、客服人员、交易条件、售后服务等方面存在的疑虑或否定意见。常见的异议说辞有："是正品吗？""价格有点贵，能便宜点吗？""能不能指定快递？"

在面对客户提出的各种异议时，客服人员既要有丰富的产品知识储备，又要有细致入微的沟通能力、强大的心理素质和同理心，从客户的角度出发，针对具体问题提供合理的解释和切实可行的解决方案。比如，对价格问题，可以介绍分期支付、优惠券使用等购买方案，降低客户的购买压力；比如物流问题，应协调快递公司，加快配送速度或提供相应的赔偿措施。

二、客户异议的类型

理解并掌握不同类型的电子商务异议，有助于提高电子商务客服团队应对问题的效率和效果，从而提升客户满意度与忠诚度，提高转化率。电子商务异议通常可以分为以下几类。

（一）从客户异议的性质来分

1. 真实异议

真实异议是指客户提出异议是有事实依据的，客户确实有购买意愿，但从自己的利益出发对产品或交易条件提出质疑或不满。比如客户说："我看评价说这款衣服会褪色。"客户由于对商品功能、价格、售后服务、交货期等方面不了解而产生的真实担心，属于真实异议。

客服人员必须结合具体情况，做出积极的响应，或有针对性地补充说明商品的有益信息，或对商品存在的问题比较分析和做出负责任的承诺。如用质量性能好来化解价格高的异议，用允许退换、长期包修的承诺来消除客户对商品某些质量不足的疑虑。承认问题，并提出解决问题的办法，才能解决这类客户异议。

2. 虚假异议

虚假异议是指客户提出的异议是违反客观事实的，即客户从主观意愿出发，提出缺乏事实根据或不合理的意见。客户并非真正对商品不满意，而是为了拒绝购买而故意编造各种反对意见和看法，这是一种虚假反应。

对虚假异议，客服人员可以采取不理睬或一带而过的方法进行处理。不能因为客户不正确而一定要搞出一个是非输赢不可，而应当从客户的角度出发，对其偏激之处予以委婉地劝导，使其保留自己的观点，引导其将注意力放到能对产品做出正确认识的新问题上来。

例如，有的客户认为保健品价格太高，不值得购买。客服人员可以说，保健品的价格确实比食品要高一些，但是服用保健品后，增强了体质，可能会节省部分医疗费用，还是划算的，客户就有可能在比较利弊之后接受产品。

3. 隐藏异议

隐藏异议是指客户隐藏真正的异议，提出各种真的或假的异议，目的是要借此假象达成对自己有利的条件。例如客户希望降价，却提出材质、款式、颜色等方面的异议，以达到降低产品的价值和降价的目的。或者，有的客户为了掩饰自己无权做出购买决定，就推说商品质量有问题，或者托词要比较后再决定。

对这类客户异议，客服应当首先了解客户隐藏在借口后面的真实动机，帮助客户消除真正的障碍，但要注意给客户一个从借口立场上下来的台阶。

（二）从客户异议的内容来分

1. 价格异议

这是客服人员遇见的最多的一类异议。由于信息不对称，客户对产品的价格最为敏感，因为这与客户的切身利益直接相关，所以许多客户在产生购买欲望之后，首先就对价格提出异议。客服最常听到就是："你这价格太高了！""别家比你家的便宜"。可能是客户认为商品定价过高或优惠不足，希望能获得更多折扣或优惠。

2. 需求异议

当客户对你说："我不需要这东西！"或者干脆告诉你："我早已经有了！"诸如此类的话

语，表明客户是在需要方面产生了异议。需求异议的根源有：第一，客户真的不需要产品；第二，客户的偏见与成见；第三，出于某种借口。

3. 服务异议

对售后服务、物流配送等问题的担忧，也会引起消费者的异议。"能不能自选物流""有没有免费上门安装""坏了怎么办？怎么维修？"这些都是客户经常咨询的问题。

4. 购买时间异议

购买时间异议是指客户有意拖延购买时间。比如"让我考虑一下，下星期再给你答复。""我不能马上决定，研究以后再说吧！"客户可能会由于种种原因，希望拖延和推迟购买时间，有可能是由于手头资金不足，有可能是尚未考虑好是否购买，有可能是家里还有存货，也有可能是一种推托的借口。

5. 支付能力异议

这是指有些客户以没有钱购买为由提出的一种异议。导致客户在支付能力上提出异议，其原因是复杂多样的，有时候是出于财力问题，更多的可能源于客户的借口，从而产生虚假的支付能力异议。

6. 决策权力异议

客户有时会说："这件事我做不了主，需要跟家里人商量后才能决定。""订货的事我无权决定。"类似这样的言语称为决策权力异议。这种异议与其他异议一样，有真实与虚假之分，也许对方真的没有采购决策权，也许是因为出于其他的理由。比如客户需要时间了解信息，调查市场情况，以便运用合理的策略来讨价还价，争取更大的优势。

7. 货源异议

货源异议是客户对产品来自哪个地区、哪家企业、什么品牌而产生的不同看法。比如客户说："这种产品质量不可靠，我更喜欢品牌的产品！"这些都是货源异议。企业信誉不佳，同行之间出现激烈竞争，售后服务跟不上等情况均可能导致客户对货源方面提出反对意见。有时，客户的某种成见和误解也会影响对企业整体形象的评价。

8. 操作类的异议

一些顾客在使用网站或支付过程中遇到困难，需要客服提供具体操作指导。随着互联网的深入普及，这类异议逐渐变少。

客户异议的主要根源来自客户的主观心理因素。因此，对客户的心理进行全面分析，有助于客服人员采取正确有效的方法化解客户的异议。

小试牛刀

在真实的客户咨询中，有可能一个客户会产生多种不同的异议类型，请根据客户异议，分析客户异议类型（表4.3.1）。

表 4.3.1　客户异议类型

序号	客户异议	客户异议类型（从内容来分）
1	这个款式能不能显瘦啊？能便宜点不？	

技能初探

6 位同学一组合作探究，分组讨论，根据提供的案例信息，分析客户异议类型。客户异议典型案例分析如表 4.3.2 所示。

表 4.3.2　客户异议典型案例分析

序号	客户异议典型案例	客户异议类型	
		根据性质分	根据内容分
1	我本来想买，可是研究了全部评价，这个产品是不是轻微褪色		
2	如果出现质量问题，寄回去的邮费，你们负责吗		
3	为什么防晒霜要卖到几十块		
4	能不能提供分期付款的方式		
5	可以先收货后付款吗		
6	客户（60岁）我付款了，但是看不到买好的东西在哪里		

活动2　客户异议产生的原因

活动描述

王秀在客服主管和指导老师刘老师的带领下，对常见的客户异议产生的原因进行分析。

知识攻坚

一、客户自身的原因

由于客户的文化素质、认知水平、购买习惯、交易方式以及其他各种社会成见，会对产品提出一些异议。还有部分客户出于性格等原因，存在疑虑和不确定性因素，难以下定购买决心，比如对公司的信誉、网络安全持怀疑态度，担心交易风险。客户出于规避风险的本能（对产品售后这个客观因素做出风险预估），故而咨询了自己的售后权益保障。

直通职场

在真实的客户异议处理中，有一部分异议产生的原因来自客户。客户自身的原因分析如表 4.3.3 所示。

项目 4　处理篇：售前咨询接待

表 4.3.3　客户自身的原因分析

序号	客户异议	异议产生的原因
1	卷笔刀用手动的也是一样的效果，没必要买电动的	客户有自己的购买习惯，产品不符合以往的消费习惯，客户暂时不需要或者尚未发现自己对商品的潜在需求
2	我一直在用另外一个品牌的洗发水	客户缺乏对产品的了解，在不熟悉产品品牌、价值优势的情况下，对产品的价值和认知存在偏差，认为产品不理想
3	这个家居服这么大一个蝴蝶结，看上去有点幼稚	客户有购买偏见，对家居服的风格和款式有不同的需求偏好
4	别家都在做促销活动，为什么你家没有活动	客户对产品的促销活动不满意
5	唇膜是什么，有必要用吗	客户受其认知和消费所限，没有相关产品知识，也没有用过产品
6	我感觉面膜还不错，能优惠点吗	客户对产品有需求，但出于对自己利益的维护，存在求廉心理，希望买到更加便宜的产品
7	这个花里胡哨的，一点儿都不实用	客户求实心态，尤其关注产品的实用价值

二、产品本身的原因

由于产品信息不透明，消费者无法像在实体店那样亲自检查商品，只能依赖于商家提供的信息。一旦这些信息不够详细或者有误导性，消费者就会产生异议。经常出现客户对产品的质量、规格、功能、款式、包装、性价比等方面提出疑问、引发异议。

直通职场

在真实的客户异议处理中，有一部分异议产生的原因来自产品本身。产品本身的原因分析如表 4.3.4 所示。

表 4.3.4　产品本身的原因分析

序号	客户异议	异议产生的原因
1	我只想买大尺寸的保鲜袋，不要组合装的	客户对产品有购买需求，但产品的规格只能满足客户的部分需求，客户意识不到产品带来的使用价值
2	我想要一款结实的保鲜袋，看你家这款好像不太结实呢	产品的断点设计，或者材质原因，可能会让客户误以为产品质量不好
3	这个筋膜球上还有凸点，是不是很疼啊？算了不买了	产品的外观设计容易给客户一种错觉，在客户不熟悉产品价值优势的情况下，容易产生异议和购买偏见
4	同样是分线器，外观看着都一样，你家这款怎么这么贵啊	产品的定价比市面其他产品高，让客户产生价格异议

三、客服人员的原因

言语沟通不畅、缺乏应有的礼貌用语、态度欠佳、失信，或者使用过多的专业术语让客户感觉不愉快，进而产生抗拒心理，都可能导致客户对客服人员产生异议。

直通职场

在真实的客户异议处理中，有一部分异议产生的原因来自客服人员。客服人员的原因分析如表 4.3.5 所示。

表 4.3.5 客服人员的原因分析

序号	客户异议	异议产生的原因
1	人呢，问了这么久都不回复，我去别家买了	客服没有及时回复和接待客户，导致客户对服务质疑，并最终造成客户流失
2	你说的什么额定功率，我都听不懂，不能简单一点吗	客服使用过多的专业术语让客户感觉不愉快，进而产生抗拒心理

头脑风暴

6 位同学一组分组讨论：有没有可能客户产生异议的原因，不单纯是某一种原因，而是多种原因导致的，请举例说明。客户异议的原因分析如表 4.3.6 所示。

表 4.3.6 客户异议的原因分析

序号	客户异议	异议产生的原因
1		

活动3 客户异议处理措施

活动描述

通过案例分析，王秀发现最常见的客户异议是价格异议、需求异议和服务异议，在工作室王主管和学校刘老师的指导下，他们对以上3种异议进一步分析后，形成了成熟的处理技巧和措施。

知识攻坚

客服通过换位思考，从客户的立场出发，看待客户异议，有利于正确对待和处理客户的异议，增进与客户的感情，缩小心理距离，在保障客户和企业双方利益的情况下，达到成交的目的。

一、"价格异议"的处理措施

（一）分析"价格过高"的客户异议

（1）客户对市场上同类商品的价格已经形成自己的看法，认为产品的价格过高。

（2）客户通过对产品的成本估算，确定了一个自认为较为合理的价格，相比较后，认为产品价格过高。

（3）客户有求廉心理，根据以往的购买习惯，利益最大化，为后续讨价还价做准备。

（4）客户出于对利益的维护，希望购买到价格更低的产品，在讨价还价中彰显谈判能力。

（5）有些无购买倾向的客户，根本无意购买产品，只是以价格高为借口和托辞。

（二）分析"价格过低"的客户异议

（1）客户认为"便宜没好货，好货不便宜。"因为活动促销折扣力度大，导致价格过低，引发客户对产品的质量的不信任。

（2）客户出于社交和身份认同等因素，认为"价格低就是低档"，有损自己的形象。

（三）价格异议的处理技巧和措施

客户讨价还价的动机包括：出于对自己利益的维护，希望购买到价格最低的产品，或希望比其他客户购买的产品价格低，在讨价还价中显示谈判能力，从而得到一种满足感和成就感。

分析客户价格异议的原因，适合采用"先谈价值，后谈价格；多谈价值，少谈价格；以退为进、攻心为上"的处理策略，运用恰当语言技巧和物超所值的证据，引导客户关注产品的性价比和服务，促成购买意向。我们可以从以下几个方面进行处理。

（1）向客户介绍这款产品的价值优势，说明产品质量有保障，回答客户疑虑。

（2）向客户进一步强调品牌优势，解答产品价格的合理性，打破客户偏见。

（3）向客户讲解产品促销活动，刺激客户购买。

（4）向客户重点突出退换货政策，打消后顾之忧。

模拟情景 1

家具店的一名客服听到客户为 50 元的差价而犹豫不决时，便说："您认为这种公文柜比别家的贵了 50 块钱，这的确是事实，但是，贵这点钱自有贵的道理。第一，我们的柜子比别家的深 150mm，存放空间多 8%；第二，请您再看看木料和烤漆，都是上等的，不但坚固，而且光亮；第三，就拉门和每个抽屉而言，都比别家的灵活、精致、耐用，无论您怎么拉动，永远运转自如，不会给您添麻烦；第四，另外还有两个抽屉，都装上了价值 8 元的暗锁，可以存放重要文件和贵重物品。从以上比较您一看便知，我们所销售的公文柜的确是上等的，与一般粗制滥造的柜子绝不能相提并论。所以，才花 50 元，您在我这所得到的好处比在别家多 2~3 倍，值不值得呢？"

异议处理措施：避开价格这个敏感问题，着重介绍产品在性能、品质、售后服务等方面的优点和特点，使客户获得足够的产品信息，觉得购买推荐的产品合算。

模拟情景 2

客户:"这个价格怎么便宜那么多?"

客服:"亲,我们这款产品之所以降价幅度大,是因为在做一场新老顾客回馈福利,为的就是让各位客户买得开心、买得尽兴!当然了福利不是天天有,活动力度也不会一直都这么大,所以如果您觉得这款产品不错的话,就抓紧下单吧,数量有限,先到先得哦!

同时,咱家还支持七天无理由退换货,如果您收到货真的不喜欢,可以退还给我们哦!如果您收到货,对我们这款产品很满意的话,也可以给我们一个五星好评或者是分享给亲朋好友,您的评价就是我们满满的动力,期待和您下次相遇。如果您还有其他疑惑,您的专属客户在这里等候您,祝您生活愉快!"

二、"需求异议"的处理措施

(一)分析客户的"需求异议"

(1)客户对产品有购买需求,但产品只能满足客户的部分需求。

(2)客户有自己的购买习惯,产品不符合以往的消费习惯,客户暂时不需要或者尚未发现自己对商品的潜在需求。

(3)客户受其认知和消费所限,没用过产品,不了解产品相关知识,没认识到产品的价值。

(4)客户求实心态,意识不到产品带来的使用价值。

(5)在不熟悉产品价值优势的情况下,客户产生购买偏见。

(二)需求异议的处理技巧和措施

当客户提出需求异议时,说明对产品有需求,但是认为产品不够理想。这也许是因为客户对产品缺乏了解,或者购买习惯和偏见使然。

适合的处理措施有:普及专业知识、设计理念、使用价值、展示好评、说明书、操作指南、权威证书,来增加客户对产品的质量和功能的信心,并向客户介绍隐含的促进客单价的活动策略方案。我们可以从以下几个方面进行处理。

(1)向客户普及产品知识,扭转客户的认知偏差。

(2)向客户介绍产品设计理念,突出产品卖点,打破客户偏见。

(3)展示好评、说明书、操作指南、权威证书,来增加客户对产品的信心。

(4)描述产品的使用场景,突出产品使用价值,激发客户购买欲望。

(5)介绍客户可以享受到的售后权益保障,打消后顾之忧。

三、"服务异议"的处理措施

(一)分析客户的"服务异议"

(1)客户对退换货政策有疑问。

(2)客户对安装调试、培训、维修等售后服务产生担忧。

（3）客户对物流配送有疑虑，或者个性化的要求。

（4）客户关注是否可以开发票等问题。

（5）客户对客服人员的应答时间和服务态度不满。

（二）服务异议的处理技巧和措施

当客户提出服务异议时，如果服务核心问题是可以解决的，积极应对，应马上提出解决方案。如果确实存在服务不到位的地方，在承认客户的异议具有合理性的基础上，采取取长补短法，说明产品的其他优点补偿或抵消缺点。突出产品的价格、质量、性能与其他同类产品相比的优势，抵消服务的不足，让客户得到心理平衡，打消客户异议，做出购买决策。

（1）积极应对，马上提出解决方案，第一时间解决核心争议，减轻客户心理压力。

（2）如果确实服务不到位，承认客户的异议合理性，端正态度，婉转地避开争议点。

（3）将客户的注意力转入产品价值、质量、性价比方面，使客户获得足够的产品信息，引起客户兴趣，争取成交余地。

（4）向客户介绍产品的促销活动及赠送福利优惠，激发客户购买欲望。

（5）通过次要问题的解决来消除客户异议促成交易。

技能初探

6位同学一组，根据提供的案例信息，分析客户异议类型，产生异议的原因，并进行异议处理建议。客户异议典型案例处理建议如表4.3.7所示。

表4.3.7　客户异议典型案例处理建议

序号	客户异议典型案例	客户异议类型		产生异议的原因	异议处理建议
		根据性质分	根据内容分		
1	客户：连你（客服）自己都说不清楚产品的功能，我就不买了				
2	客户（25岁）：我这么年轻，不需要护肤				
3	客户：你家衣服颜色好少啊，能不能便宜点				

实战演练

6位同学一组，通过角色扮演进行实训模拟，完成后进行角色互换。客户提出质疑和咨询，客服根据所学话术和技巧进行异议处理。角色扮演后，进行归纳总结，教师进行点评。

在解决客户异议时，客服人员要及时作出反应，要学会聆听，分析客户的需求，为客户排忧解难，给出良好的建议，提供满意的解决方案。

客户一："如果给我打9折，马上就下单。"从服务和性价比等方面来突出产品的价值，说服客户接受这个价格并购买。

客户二（一中年妇女）："我这把年纪了，买这么高档的护肤品干什么，一般的护肤品就可以了。"从更深处挖掘，高档高质量的产品才更有保障，能给客户带来更多有利的价值。

客户三："我看产品详情还不错，不过我家里现在已经有别的品牌的牙膏了，怕放过期了。"客服通过对产品的保质期、功效和价格等方面和其他品牌相同类产品进行对比，凸显自家产品的优势和为客户带来的最大价值。

活动4　撰写客户异议处理方案

活动描述

李刚在产教融合客服岗位的实践后，电子商务客服技能更加突出，经过层层筛选代表学校参加电子商务运营技能竞赛，负责客服模块。赛题中关于客户异议处理，涉及分析客户异议内容，填写客户异议类型，分析客户异议产生原因和撰写客户异议处理方案。

知识攻坚

一、电子商务运营国赛赛题

（一）任务背景

美诗美妆旗舰店进行线上运营后，爽肤水、唇膜、防晒霜、洁面乳、腮红五款商品销量大幅提升，客户咨询数量也大大增加。在商品销售过程中会遇到各种各样的客户异议，客服人员在服务的过程中遇到客户提出了如下异议。

"这个唇膜太贵了，买不起，便宜点。"

"这个唇膜我一次买30支，作为活动奖品，能再打个折吗？可以的话接着下单。"

请根据客户异议内容，结合网店信息、服务信息和商品信息，完成客户异议处理。

（二）任务素材

唇膜商品信息及网店信息，见任务素材二维码。

（三）任务要求

（1）根据客户提出的异议内容，完成客户异议类型判断。

（2）分析客户异议产生原因，结合网店、服务和商品信息，制定客户异议处理方案。

（四）操作过程

（1）分析客户异议内容。

（2）填写客户异议类型。

（3）撰写客户异议产生原因。

（4）撰写客户异议处理方案。

任务素材

二、客户异议处理方案范例

（一）异议类型

根据客户提出的"这个唇膜太贵了,买不起,便宜点"和"这个唇膜我一次买30支,作为活动奖品,能再打个折吗？可以的话接着下单。"这两个问题,判断客户异议类型为价格异议。

（二）异议问题分析

根据客户提出以上这两个异议问题,我们分析异议产生原因有以下几点。

1. 从客户方面分析

（1）客户的购买习惯。此类客户习惯性进行讲价,以获得产品的最低价。

（2）客户的购买量较大,想要获得一个团购折扣价。

（3）客户可能会基于产品或替代品价格来比较。

（4）客户的经济状况、支付能力方面的原因。

（5）客户对产品的认知程度。

2. 从产品方面分析

（1）唇膜的质量好、配方升级。

（2）唇膜的使用寿命,高于其他产品的使用年限,保质期为36个月。

（3）唇膜的价格,客户觉得不够便宜,实际已经是活动价了。

（三）情绪安抚及异议处理措施

分析以上异议产生原因,我们从以下几个方面进行处理。

（1）向客户描述唇膜的使用场景,突出产品质量好、配方升级的卖点,解决客户的需求。

（2）进一步向客户强调唇膜的使用寿命、使用年限、保质期,说明价格的合理性,增强客户的购买信心。

（3）向客户推荐产品的优惠活动,引导客户关注性价比,解决客户的疑虑。

（4）向客户说明店铺的保价政策,吸引客户做出购买决策。

（5）分享店铺退换货政策,打消客户后顾之忧。

（四）客服话术参考模板

"亲,您好,我是您的专属客服,很高兴为您服务！对您提出的问题,我们感到十分重视,下面就由我来为您介绍唇膜和在我们店铺能够享受的权益吧！

首先,我们在冬天的时候,嘴唇很容易发生干裂、干涩的情况,我们这款唇膜就可以很好地呵护双唇,滋润唇部,淡化唇纹,温和修护唇部角质。唇膜的配方全面升级,添加了草莓、牛油果、向日葵、葡萄籽、紫苏提取物,植物萃取,科学配比,安全呵护双唇。一分价钱一分货,我们的唇膜配方全面升级,质量有保证,性价比很高。

其次,唇膜的使用寿命长,高于其他同类产品的使用年限。我们的唇膜保质期36个月,比如使用一年，平均下来每天才一毛钱，性价比是非常高的。

再次，这款唇膜原价是49.9元，现在正好做活动，促销价仅需39.9元，价格已经足足优惠了10元，30支优惠300元呢！这样的优惠福利可不是天天有，性价比这么高，此时不买，更待何时，而且还有保价制度，心动就赶紧下单吧！

最后，我们店铺有保价政策，商品自拍下之日起，15天之内出现降价，都可以退回差价。对所售商品提供7天无理由退货、15天质量问题换货和保修服务，并且赠送运费险，需要其他活动奖品也可以一起下单，祝您生活愉快！"

活动拓展

同学们，可以根据其他9套电子商务运营技能竞赛国赛赛题，撰写客户异议处理方案，进行技能训练。

任务4 高效率引导客户下单

任务导入

通过一段时间的学习，李刚小组已经掌握了一定的客户异议处理知识，但是对引导客户下单的知识了解不多。李刚小组在刘老师及企业导师的帮助下，开始学习引导客户下单。

任务分解

根据高效率引导客户下单任务规划，小组成员需要先知道影响客户下单的因素有哪些，其次要掌握引导客户下单的措施和常用话术模板，并且要掌握一定的引导下单技巧。

任务实施

活动　引导客户下单

活动描述

引导客户下单是售前客服最重要的一环，需要知道影响客户下单的因素以及常见的引导客户下单的措施和技巧，并且要能够学会使用话术模板，做到活学活用。

知识攻坚

一、引导客户下单的措施

（一）影响客户下单的因素

影响客户下单的因素有很多，客户在做出购买决策前，常常会考虑以下几点因素。

1. 产品质量与描述

客户会仔细查看产品的描述，包括材质、功能、尺寸等详细信息。如果产品描述清晰、准确并且质量可靠，那么客户下单的可能性就会大大增加。

2. 价格与性价比

价格是客户下单时考虑的重要因素之一。客户会比较不同产品的价格，并评估其性价比。如果产品价格合理，性价比高，客户下单的意愿就会更强烈。

3. 用户评价与口碑

客户通常会查看其他客户的评价，了解产品的真实情况。正面的评价能够增加客户的购买信心，而负面的评价则可能导致客户放弃下单。

4. 促销活动与优惠

网店经常会推出各种促销活动，如折扣、满减、赠品等。这些促销活动能够吸引客户的注意力，激发购买欲望，从而促使客户下单。

5. 物流与配送

客户会关注物流速度和配送方式。如果网店能够提供快速、准确的物流服务，并且配送方式便捷，那么客户下单的意愿就会更高。

6. 售后服务

售后服务是客户下单时考虑的重要因素之一。客户希望能够在购买后享受到完善的售后服务，如退换货政策、售后咨询等。如果网店能够提供优质的售后服务，那么客户下单的意愿就会更强烈。

7. 店铺信誉与品牌

知名品牌和信誉良好的店铺往往能够获得客户的信任，提高购买意愿。客户在选择商品时，通常会优先考虑这些店铺的商品。

8. 客服沟通与服务质量

客服的沟通能力和服务质量也会影响客户的下单决策。如果客服能够及时、准确地回答客户的问题，并且态度友好、专业，那么客户下单的意愿就会更高。

9. 支付方式与安全性

客户会关注支付方式的选择和支付过程的安全性。如果网店提供多种支付方式，并且支付过程安全可靠，那么客户下单的意愿就会更高。

10. 个人需求与偏好

每个客户的需求和偏好都不同，这会影响他们对商品的选择和下单决策。例如，有些客户更注重品质，而有些客户则更注重价格。

（二）引导客户下单的措施

售前客服需要综合考虑影响客户下单的因素，通过强调产品优势、对比产品差异、营造促销紧迫感、提示库存紧张、分享客户评价、突出售后保障、主动询问客户、推荐个性化服务、表示感谢祝福等措施，进一步引导客户下单。常用的引导客户下单话术模板如表 4.4.1 所示。

表 4.4.1 常用的引导客户下单话术模板

序号	引导客户下单措施	常用话术模板
1	强调产品优势	亲，这款产品是我们店铺的热销款，它的 [产品优势，如材质、功能、设计] 特别受欢迎，相信您也会喜欢的！ 亲，这款产品具有 [具体功能或特点]，非常适合您的需求，一定会让您满意的
2	对比产品差异	亲可以查看下我们羽绒服吊牌上的面料成分和含量，我们的充绒量是 180g 呢。市面上这个价位的羽绒服大多充绒量是 100g 左右，亲可以仔细对比一下看看呢。180g 充绒量的羽绒服在实体店都要上千呢，今天我们活动价只要 399，真的是超划算了
3	营造促销紧迫感	亲，现在下单可以享受 [具体优惠，如折扣、赠品] 哦，机会难得，千万不要错过！ 亲，这款产品的优惠活动即将结束，如果您喜欢的话，请尽快下单哦！
4	提示库存紧张	亲，这款产品的库存不多了，如果您喜欢的话，建议您尽快下单，以免错过哦！
5	分享客户评价	亲，很多客户都反馈这款产品非常好用，质量上乘，您可以放心购买！您可以看下评价呢！ 亲，您可以看看我们店铺的其他客户评价，这款产品的口碑是非常好的
6	突出售后保障	亲，我们店铺提供完善的售后服务，如果您在购买过程中遇到任何问题，我们都会及时为您解决！ 您好，我们店铺支持 7 天无理由退换货，还赠送运费险。亲可以放心购买我们的产品，我们的售后团队会全程为您保驾护航
7	主动询问客户	亲，如果您有任何疑问或需要进一步的了解，请随时告诉我，我会为您详细解答。现在下单的话，还可以享受优惠哦
8	推荐个性化服务	亲，如果您喜欢宽松版的话，我们还有这一款 T 恤可以给您看下。 如果您要搭配这款半身裙的话，我给亲推荐的这款短款衬衫，您可以看下，非常显高显瘦呢
9	表示感谢祝福	亲，好的，不管您买不买，我们都非常感谢您的光临和支持！祝您生活愉快！亲可以收藏我们店铺哦，以便亲第一时间参加福利活动呢

二、引导客户下单的小技巧

在售前客服的实际工作中，除了要解答客户疑问、推荐商品以外，客服还可以使用一些小技巧促使客户做出购买决策，如：早买得利、二选其一、从众引导、赞美肯定、欲擒故纵等小

项目 4　处理篇：售前咨询接待

技巧。售前客服在实际应用中可以根据具体情况灵活运用多种技巧，以便于更有效地引导客户下单。同时，还需要注意保持耐心和热情的服务态度，让客户感受到良好的购物体验。引导客户下单的小技巧如表 4.4.2 所示。

表 4.4.2　引导客户下单的小技巧

技巧	适用场景	应用要点	案例
早买得利	适用于有时效性优惠、促销活动的场景，如节假日、周年庆等	强调早下单可以早使用，早享受商品的价值，与此同时，现在下单更划算	天气已经很热了，紫外线很厉害，亲早点下单，就不用担心被晒黑啦，关键还这么划算。 入手了我们这款洗衣机，您就再也不用手洗衣服啦。反正洗衣机终究是要买的，早买早享受呢，现在还是活动价
二选其一	适用于客户对多个选项感兴趣，但难以做出决策的情况	客服可以从客户的选项中锁定两个选项供客户选择，同时强调每个选项的优缺点，帮助客户更清晰地了解不同选项的差异，从而更容易做出决策	红色和橙色是我们的主打色，您要选哪个颜色呢？ 刚刚看的这些款式，2 号和 3 号我觉得都很不错。2 号甜美风，3 号更学院风，您选哪一个呢？
从众引导	适用于客户容易受到他人影响或喜欢跟随大众选择的场景	可以展示其他客户的购买记录、好评或成功案例，以此证明产品或服务的受欢迎程度和质量。同时，也可以现身说法，促使客户做出购买决策	这款 T 恤也是小小的自留款呢，我自己也超级喜欢这一款！ 这款可是我们店的爆款，真的是卖爆了，我们很多客服 MM 都会自留呢
赞美肯定	适用于客户对产品或服务有较高兴趣，但喜欢犹豫徘徊，需要动力来做出购买决策的情况	多多赞美客户、肯定客户，让客户收获好心情，但是语言要实在，忌轻浮敷衍。赞美肯定技巧应用实例如图 4.4.1 所示	您真的是独具慧眼，眼光真好，选的都是我们的精品！ 看得出来，您真的衣品好好，好会搭配呀
欲擒故纵	适用于客户对产品或服务有较高兴趣，但想要更多优惠的情况	首先要确认客户是否真的感兴趣，先诉说卖点及优势，然后适时让顾客考虑下，或者转移话题，表现出"不强求成交"的宽松心态，让客户产生不能成交的惜失心理，从而下决心购买。欲擒故纵技巧应用实例如图 4.4.2 所示	这款小白鞋经典又百搭，又恰逢我们的店庆活动，优惠力度才这么大，机会难得，您可以再考虑一下，有问题可以随时联系我哦

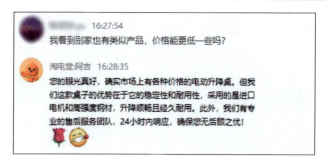

图 4.4.1　赞美肯定技巧应用实例

图 4.4.2　欲擒故纵技巧应用实例

模拟练兵

两人一组，分别扮演客户与客服，参考电子商务运营赛项生活用品赛卷中的客服任务背景资料，灵活应用引导客户下单的措施和技巧，进行模拟问答。

客户扮演可参考但不限于以下问题。

商品降价了可以退差价吗？
这款纸夹板有什么颜色？
这款纸夹板好多颜色啊，我都不知道该买哪一个了？
订书机还可以再便宜点吗？
迷你订书机有活动吗？
这个订书机会不会太小了？
我再考虑下吧！
我看到别家的要比你这里便宜。

任务素材

活动拓展

售前客服在与客户交流时，应当保持专业和礼貌，不得贬低或诋毁他人店铺的商品。这是基于商业道德和客户服务的基本原则。贬低竞争对手的商品会损害公司或品牌的声誉。客户可能会认为，一个不尊重竞争对手的公司也不会尊重其客户。贬低或诋毁竞争对手情节严重的可能违反法律法规，导致法律纠纷和罚款。

任务5　分析讨论直播客服案例

任务导入

随着业务拓展，工作室近期对接直播客服业务板块，王秀因为工作能力突出，被调岗进入直播客服项目组，接触到了不少真实的直播客服案例。经过不断的实践，在张主管的领导下，王秀学会认真分析讨论直播客服案例，总结出一套宝贵的经验和教训，真正做到工学结合、知行合一。

任务分解

如果想更深入了解直播客服岗位，就要先知道直播客服的职责、特点和影响力，再学会处理黑粉带节奏的技巧，进行模拟训练和实战演练，总结出直播客服和平台客服的经验和教训。

项目 4　处理篇：售前咨询接待

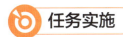

活动　分析与讨论直播客服案例

活动描述

王秀在接触直播客服之前，进行相关的知识攻坚，通过模拟情景和技能练习等岗位培训后，开始直播客服岗位实操，通过大量实战案例总结出一些可以指导工作的方法和措施。

知识攻坚

一、直播客服和平台客服案例分析

（一）客服真实案例

某知名电子商务平台 A，除了常规的在线购物功能外，还引入了直播购物功能。在直播购物场景中，有专门的直播客服团队负责处理直播过程中的观众疑问和互动；而在整个平台范围内，则有平台客服团队提供负责处理用户的订单、售后等全方位的客户服务。

1. 案例场景一

在 A 平台的某次直播中，数码产品主播正在介绍一款新款智能手机。此时，观众小李在直播间留言询问该手机是否支持 5G 网络，以及电池续航能力如何。

直播客服响应：直播客服小张看到小李的留言后，立即回复："您好，这款智能手机支持 5G 网络，并且电池续航能力出色，可以满足您一整天的使用需求。现在下单还赠送原装充电器和手机保护套！"小张的回答及时、准确，而且针对小李的疑问给出了详细的解答。

结果：小李对直播客服小张的解答表示满意，并顺利下单这款智能手机。直播客服小张通过及时、专业的服务，帮助 A 平台促成了一笔交易，提升了直播销售的转化率。

2. 案例场景二

小李在 A 平台购买这款智能手机后，发现手机在充电时存在发热严重的问题。于是，他通过平台客服系统提交了投诉。

平台客服响应：平台客服小张收到小李的投诉后，首先向小李表示歉意，并详细了解了问题的具体情况。然后，小张建议小李将手机寄回平台进行检测和维修。同时，小张还提供了详细的退货和寄送流程说明，确保小李能够顺利地将手机寄回平台。

结果：检测和维修得到了快速处理，平台客服小张告知小李手机已经修复，重新寄给小李。小李对平台客服小张的及时处理和专业服务表示满意，并继续选择在 A 平台进行购物。

（二）案例分析

1. 直播客服处理方式

（1）及时识别快速响应。

在直播过程中，直播客服需要密切关注直播间内的观众互动，特别是观众的提问和疑虑；

101

当小李提出关于询问该手机是否支持 5G 网络以及电池续航能力的问题时，直播客服小张迅速识别并立即回应，没有让客户等待过长时间。

（2）提供专业咨询服务。

小张解答了智能手机支持 5G 网络，并且电池续航能力出色，可以满足客户一整天的使用需求。及时、人性化的回复让小李感受到了直播客服的专业性，并增加了她的购买信心。

（3）刺激客户购买欲望。

小张还告诉小李，如果下单还能享受赠送原装充电器和手机保护套的促销活动，这一信息刺激了客户的购买欲望。

2. 平台客服处理方式

（1）了解售后问题详情。

当小张通过平台客服系统发现投诉后，积极着手处理。首先向小李表示歉意，并详细了解了问题的具体情况。

（2）提供合理解决方案。

小张建议小李将手机寄回平台进行检测和维修。同时，小张还提供了详细的退货和寄送流程说明，确保小李能够顺利地将手机寄回平台。

（3）跟进处理反馈结果。

检测和维修得到了快速处理，平台客服小张告知小李手机已经修复，并可以重新寄回给小李。这种及时的跟进让小李感受到了平台客服的关注和重视。

（三）案例分析总结

通过这个案例，我们可以看出直播客服更注重对观众的问题及时解答和有效互动，帮助客户解决问题，提升购物体验，帮助主播促成交易；而平台客服则通过处理用户的订单、售后等问题，提供全方位的客户服务。

两者共同协作，在服务过程中都表现出了高度的专业性和服务意识，为用户提供了优质的购物体验，为 A 平台提供了优质的客户服务支持。在处理过程中，无论是直播客服还是平台客服，都需要具备专业的知识、快速的响应能力和良好的沟通技巧，以确保用户的问题能够得到及时、准确的解决。

二、直播客服处理黑粉带节奏的技巧

客服除了常见的一些产品及物流问题的咨询，可能会遇到黑粉带节奏的特殊问题。如果直播客服回答不好或处理不当，可能会导致观众流失、品牌形象受损等严重后果。直播客服在处理黑粉带节奏问题时，需要具备一定的技巧和经验，以确保直播间的和谐与稳定。同时，他们也需要认识到自己在直播间中的影响力，并努力提升自己的专业素养和服务质量。

（一）迅速识别并采取措施

当直播客服发现黑粉在直播间内带节奏时，需要迅速识别并采取措施。这可能包括禁言、

项目4　处理篇：售前咨询接待

拉黑等直接手段，以阻止黑粉的进一步行为。

（二）保持冷静专业回复

面对黑粉的挑衅和攻击，直播客服需要保持冷静和专业，避免情绪化反应。同时，他们可以通过礼貌和专业的回应，化解黑粉的负面情绪。

（三）积极沟通并解决问题

如果黑粉的言论涉及实际问题或误解，直播客服需要积极沟通并解决问题。他们可以通过解释、澄清或道歉等方式，消除客户的不满和观众的疑惑。

（四）力挽狂澜扭转局势

如果直播客服有足够的智慧和心态，可以尝试将黑粉的言论转化为笑料或话题，从而吸引更多观众的关注和参与。这样不仅可以化解尴尬局面，还可以提升直播间的活跃度和吸引力，甚至出现"黑转粉"的情况。

三、直播间黑粉带节奏互动情景

模拟情景 1

客户问：买过，不好用，大家别买。

解决思路：把负面反馈故意引导成对我们有利的问题。

直播客服答：这位宝宝你是在其他家买过这类产品吗？我们家这款弹力带采用5.5mm加厚设计，不容易断裂，厚度均匀也不会变形，品质方面我们都是有保障的，您可以相信我们。

模拟情景 2

客户问：看着就不怎么样，还是去别家看看吧。

解决思路：转移话题，借助客户问题将话题引导成我们对产品的阐述。

直播客服答：这位宝宝您是觉得我们家产品功能不够吗？您看我们家这款筋膜球一共有5种配色，都非常清新。别看它小，但是它的按摩体验非常舒服。3D按摩凸点可以深层按摩，而且小小一个随时随地都可以按摩，非常方便。是不是觉得还不错呢。

模拟情景 3

客户问：这么便宜不会是劣质产品吧！

解决思路：打消客户疑虑，并消除负面影响的核心解决办法就是展示资质、检测报告、售后服务。

直播客服答：这位宝宝可以放心，我们的产品都是品牌正品，产品都是有检测报告的，品质有保障。我们用的都是××材质，您买回去检测一下，如果不是，我们支持假一赔三！因为今天是店铺××活动，所以给大家的价格也是非常优惠的。

模拟情景 4

客户问：这么丑，怎么好意思拿出来卖的？

解决思路：外观是个人的主观判断，解决办法很多，可以强调产品是新款、个性新潮，也可以转移注意力，介绍其他款：我们家还有很多其他的款，相信总有一款是适合您的！

直播客服答：这位宝宝这个是今年店铺的流行新款，现在在别的地方可能很少见。大家可以看一下这款钥匙扣，闪电熊设计搭配镭射镜面，潮裤时尚，而且质感也非常好，手感舒适。等会儿我们还有更多款式风格，您在我们直播间多待会，相信总有一款会适合您的。

技能初探

在直播过程中，有一位客户提到："化学成分很多，不要给小孩用！"王秀作为直播客服，应该用哪种解决思路，并如何回复？

6 位同学一组，通过角色扮演进行实训模拟，完成后进行角色互换。角色扮演后，进行归纳总结，教师进行点评。

实战演练

面对观众的负面评价，直播客服要以专业和尊重的态度来处理，并努力将观众的注意力引导到直播的积极方面，确保直播的顺利进行。保持冷静尊重的专业素养，避免直接冲突，转移话题或忽略问题；如果有必要正面回应，引导关注分享的内容，强调主播的工作态度，鼓励其他客户参与，营造直播氛围。如果该观众的言论严重影响到直播的秩序和氛围，可寻求管理层的协助。

一位美妆品牌的直播客服，在直播过程中，有观众发表了对主播外貌的负面评价，请问您如何处理？

6 位同学一组，通过角色扮演进行实训模拟，完成后进行角色互换。角色扮演后，进行归纳总结，教师进行点评。

项目提升

实训名称： 参加技能竞赛选拔。

实训背景： 在岗课赛证融通、以赛促教、升学与就业并重的背景下，很多学校积极开展电子商务运营技能竞赛。学生积极参加比赛，既能提升技能，又能增加升学就业的机会。

实训目的： 提高电子商务综合技能，积极备赛并参加，争取取得更好的成绩。

实训过程：

1. 电子商务运营竞赛积极备赛。
2. 积极参赛，争取更好的成绩。
3. 代表学校参加市赛、省赛、国赛。

项目 4 处理篇：售前咨询接待

项目小结

通过本项目的学习，同学们掌握了售前客服的服务流程及解答技巧，能够进行客户异议处理，引导客户下单。在实训过程中，培养了学生勤于思考、精益求精的学习态度，提升了团队的合作意识，学生通过积极参加竞赛，提升了实践技能，也增加了升学机会。

项目反馈

请根据本项目的工作任务，进行自评、互评、企业评价和教师评价。学习评价反馈表如表 4.5.1 所示。

表 4.5.1 学习评价反馈表

小组名称		小组成员					
项目	评价项目	评价内容	评价维度				
			自我评价/25%	队员评分/25%	组间评分/25%	教师评价/25%	总分/100%
售前咨询接待	知识学习	1. 能准确说出客服需要的商品知识类别。（10分） 2. 能明确说出售前客服的服务流程。（10分） 3. 能指出直播客服和传统电子商务平台客服的异同点。（10分）					
	技能训练	1. 能独立解答客户售前咨询问题。（10分） 2. 能引导客户下单，进行关联营销。（10分） 3. 针对国赛、省赛样题，分析客户异议的原因和需求，形成异议处理措施方案。（20分）					
	素养提升	1. 按时上下课，并按照要求完成课前作业、预习、课后作业。（10分） 2. 学习态度端正，积极参与课堂活动，遵守学习和实训场室管理规定。（10分） 3. 学习实践中，提升职业精神、团队协作和沟通能力。（10分）					
	学习收获						
	完善提高						

项目 5

业务处理篇：提供售后服务

项目情境

保障客户权益，提供无忧售后

在现代商业环境中，售后服务已经成为客户体验的重要组成部分。优质的售后服务可以为企业带来很多好处，例如提升客户满意度、增加用户黏度和增加竞争优势等。

经过一段时间的客服实践，王秀轮岗到了售后组，每天负责解决客户的售后问题，在不断地跟客服沟通的过程中，王秀开始感到力不从心。该学习和掌握哪些技能，才能有效率地处理售后订单呢？

学习目标

知识目标：

1. 了解售后服务的类型
2. 掌握退换货的规则
3. 熟悉售后服务的工作流程

能力目标：

1. 能够根据售后服务流程处理售后工作
2. 能够进行退换货的处理
3. 能够分析客户投诉类型并进行处理

素质目标：

1. 弘扬爱岗敬业和责任担当的职业精神
2. 培养学生友善待人和诚信经营的服务态度
3. 培养学生具备危机意识

项目5 业务处理篇：提供售后服务

> 思维导图

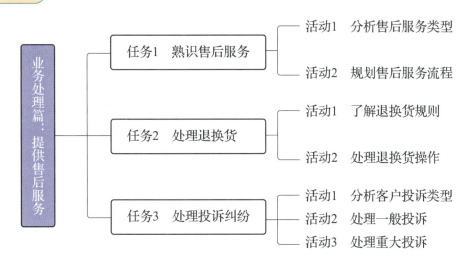

任务 1　熟识售后服务

> 任务导入

王秀刚转岗到售后组，今天她有几笔售后订单需要处理，其中包括客户申请退货退款、客户收到货缺件、客户投诉到货太慢等。王秀看着这些订单，不知道要怎么处理。

> 任务分解

入职售后岗位后，首先要对售后服务的内容有所了解，学会分析售后服务类型，然后针对不同的类型采用不同的处理方法，合理规划售后服务流程，根据工作流程来处理售后的问题订单。

> 任务实施

活动1　分析售后服务类型

活动描述

王秀在工作室导师的指导下，开始了解什么是售后服务，学习分析售后服务的类型，并对售后订单进行归类。

知识攻坚

一、了解售后服务

售后服务，就是在商品出售以后所提供的各种服务活动。专门处理商品出售以后的客户服务工作的专业人员则被称为售后客服。

售后服务是企业与客户之间的桥梁，它是客户体验的重要组成部分。一个良好的售后服务可以提高客户满意度，增加客户忠诚度和提升企业的口碑。

二、售后服务类型

无论是产品还是服务，售后服务是保障客户满意度的重要环节，常见售后服务的类型：查单查件、退款、退货、换货、补发、维修、补开发票等。淘宝网客户申请退款/退换货时的订单界面如图5.1.1所示。申请退款/退换货时可选择的服务类型，如图5.1.2所示。

图 5.1.1　淘宝网客户申请退款/退换货时的订单界面

图 5.1.2　申请退款/退换货时可选择的服务类型

（一）查单查件

查单查件是售后客服日常的基础工作，主要涉及一些订单和物流的查询，如客户在完成付款操作后，迟迟未发货或者物流信息中断等，会向售后客服咨询情况，这时需要售后客服能够耐心倾听、快速反应，帮助客户解决问题，协助查单查件并告知情况。

（二）退款

退款是指客户下单后，未发货或已发货的情况下，要求网店退还所支付的全部或部分金额。客户申请退款发生的环节可以是待发货、待收货及交易成功后。退款发生的交易环节如图 5.1.3 所示。

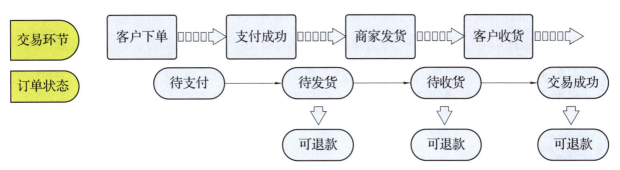

图 5.1.3　退款发生的交易环节

（三）退货

退货是指客户收到商品后，对商品不满意、有质量问题、收到错发商品或七天无理由退换货等原因，向店铺退回商品。在淘宝网，不同类目的订单，客户申请退款退货的原因也不相同。淘宝网日用纸品的退货退款界面如图 5.1.4 所示。

（四）换货

换货是指客户收到商品后，商品有质量问题、破损、卖家发错货或七天无理由退换货等原因，要求店铺更换商品。

目前淘宝的换货操作仅支持手机端，同时只能支持价格相同的商品才可以换货。换货原因根据不同的类目，选择的情况也不同。淘宝申请换货原因如图 5.1.5 所示。

图 5.1.4　淘宝网日用纸品的退货退款界面

图 5.1.5　淘宝申请换货原因

（五）补发

补发是指顾客收到商品后，发现商品缺件等原因，与商家协商后，要求店铺补发商品。

（六）维修

如果客户所购商品属于三包类商品，商家在保修期内应该为客户提供售后服务，客户可以选择寄回的方式进行维修，也可以由商家安排人员上门维修。

（七）补开发票

客户在平台上购买商品时，有权向卖家要求获取相关购货凭证，如发票、服务单据等。有的客户在收货后提出开发票要求时，卖家应根据实际交易情况开具真实、合法、有效的纸质发票或电子发票。卖家可通过平台聊天工具与买家明确发票抬头、金额、数量、商品名称、发票公章、票据税点等关于发票的详细内容，且双方确认一致，以避免后续产生不必要的纠纷。

技能初探

请根据以下的案例情形，分析属于哪种类型的售后服务？

（1）客户：怎么我收到货只有1条白色裙子？我明明拍了4件啊？

（2）客户：你们的电动升降直播桌质量太差了，用了不到一周就无法升降！没有错误提示，就是按升降按钮，一点反应都没有。

（3）客户：我收到货了，试穿了一下，发现衣服尺码小了，我要换大一码。

活动2　规划售后服务流程

活动描述

有位客户在店里买了件衣服，但是物流信息一直没有更新，他找到售后客服咨询情况。对客户遇到的问题，王秀在分析其所属售后服务的类型后，要怎么处理呢？是先询问快递公司还是先问仓管部门？要更好地开展售后服务，规划各种售后服务的工作流程是很重要的。

知识攻坚

售后服务涉及的部门较多，对接环节比较繁杂，容易导致各种问题。合理规划售后服务流程，能够提高客服对售后情况的反应速度，减少失误，提升服务质量。

一、售后服务流程

（一）查单查件流程

查单查件主要是通过客户提供的订单信息进行查询物流情况，根据是否显示的物流信息，判断接下来的操作流程。

1. 无物流信息

应先确认是否已发货。如缺货应及时告知客户，如已发货，再向快递公司确认是否丢件。

2. 有物流信息

如显示已签收，应告知客户情况，并联系快递公司查询实际收件人，向客户反馈。

3. 快递无法派送

如客户地址错误或电话联系不到、超区件无法派送、节假日及特殊活动导致派送时间延长、不可抗力的自然灾害情况（火灾、地震等），应及时告知客户，并跟进订单。

4. 快递公司丢件

应及时向客户说明情况，进行补发或退款等，再向快递公司索要因丢件产生的赔偿。

查单查件的售后服务流程如图 5.1.6 所示。

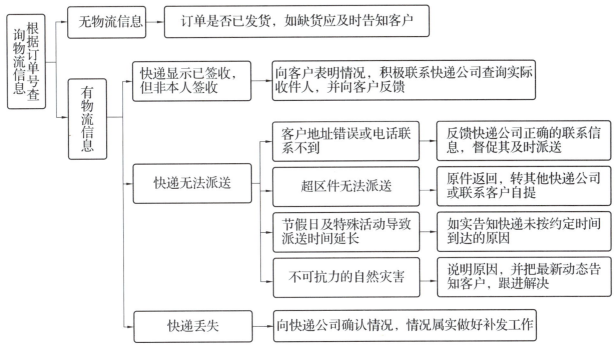

图 5.1.6　查单查件的售后服务流程

（二）退款流程

退款流程在不同交易环节有所不同。客服要根据不同情况，进行退款确认，查看货物是否在途、检查寄回货物有无异常，是否影响二次销售，才能确认退款。

退款流程如图 5.1.7 所示。

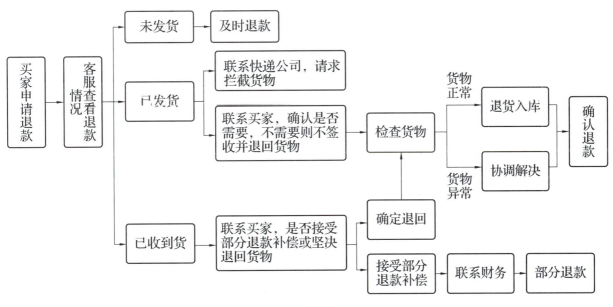

图 5.1.7　退款流程

温馨提示：要注意平台退款操作时间，超时处理平台将自动进行赔付。

（三）退货流程

当客户申请退货后，平台上会显示该笔订单的售后，客服应及时确认退货原因，并确认该笔订单是否符合退货条件。

退货流程如图 5.1.8 所示。

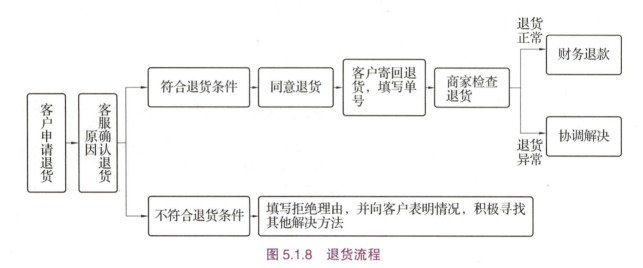

图 5.1.8　退货流程

（四）换货流程

当客户申请换货后，平台上会显示该笔订单的售后，客服应及时确认该笔订单是否符合换货条件，如淘宝中规定换货只能更换价格相同的商品，同时客服在处理换货寄回时，要注意在规定时间内在平台填写寄回件的单号。

换货流程如图 5.1.9 所示。

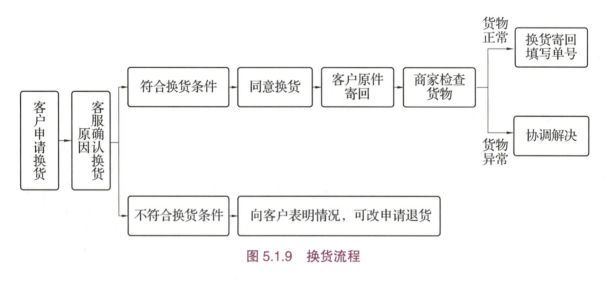

图 5.1.9　换货流程

（五）补发流程

如果因错发或漏发的情况，造成客户的损失，则需要进行二次补发货，或者对客户进行补偿，尽量消除消极影响，售后客服应该对补发情况进行登记，与仓管部门进行协调，按补发流程二次发货。

补发流程如图 5.1.10 所示。

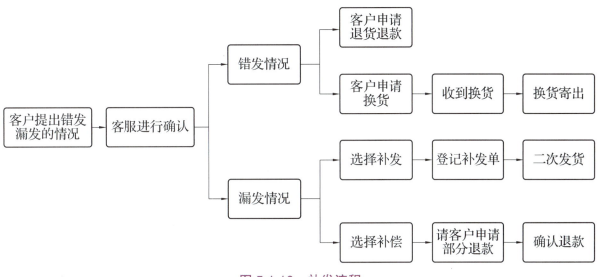

图 5.1.10 补发流程

（六）返修流程

售后客服对客户申请返修的订单，应该进行核实，是否符合《消费者保障法》《三包规定》及厂商授权的退换货或返修准则，如因个人疏忽、误用、滥用、碰撞、改动或不正确的操作所造成的商品质量问题，或撕毁、涂改标贴、机器序号、防伪标记等，将拒绝返修；如果是过保商品（超过三包保修期的商品），可通过预先制订的审批流程来征求厂商是否能提供返修服务。

返修流程如图 5.1.11 所示。

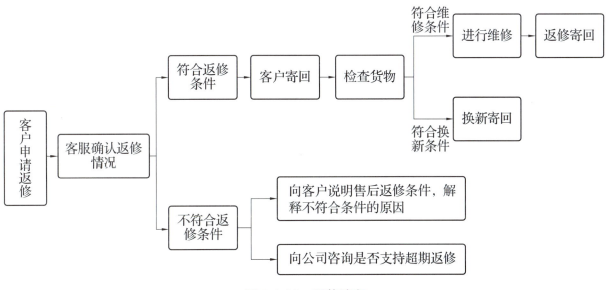

图 5.1.11 返修流程

模拟练兵

请各小组同学2人一组,分别扮演客户与售后客服,根据以下售后对话,分析属于哪种类型的售后情况,再绘制出应对该情况的处理流程,并进行模拟问答。

以下是客户与客服的对话。

客户:我申请了退货了,麻烦你们尽快处理一下!

客服:亲,我看到您提交的申请了,是质量问题对吗?麻烦您提供一下照片,方便我核实一下哦!

客户:(提供图片)衣服有一个洞。

客服:＿＿＿＿＿＿＿＿＿＿＿＿＿＿＿＿＿＿＿＿＿＿＿＿＿＿＿＿＿＿＿＿＿＿＿＿

任务 2　处理退换货

任务导入

王秀在售后接待时遇到一位客户询问"商品退换货运费是不是卖家承担?"王秀谨慎咨询工作室导师,导师告诉王秀,要熟悉平台退换货的规则,才能妥善处理好退换货的订单。

任务分解

处理退换货之前,首先要了解平台的退换货规则,退款率和退款纠纷率都会影响到店铺的综合指标,所以要尽量避免退换货的产生。在处理退换货时,客服要掌握退换货的操作,及时进行退换货的确认处理,避免造成店铺的损失。

任务实施

活动1　了解退换货规则

活动描述

在工作室导师的指导下,王秀开始学习并熟悉平台的售后规则,了解哪些退换货原因会影响售后指标,以及哪些情况可以支持退换货,掌握关于退换货情况的核实和确认。

项目 5　业务处理篇：提供售后服务

知识攻坚

一、了解售后相关指标

在淘宝网上，近 30 天的售后指标会影响店铺的综合体验分。相关售后指标包括首次品质退款率、商品差评率、物流差评率（部分类目单独考核）、纠纷投诉率、48 小时揽收及时率、物流到货时长、旺旺人工响应时长、退款处理时长。

（一）首次品质退款率

首次品质退款率就是因质量问题而产生的退款率。

退款率 = 申请退款的笔数 / 支付宝成交笔数

退款纠纷率 = 平台客服介入的退款笔数 / 支付宝成交笔数

（二）商品差评率

商品差评率是反映商品质量和描述相符程度的指标。

商品差评率 = 近 30 天描述相符被评价 1 星或 2 星的次数 / 近 30 天确认收货订单笔数

（三）物流差评率

物流差评率 =（近 30 天）物流服务被评 1 星或 2 星的次数 /（近 30 天）确认收货订单笔数

（四）纠纷投诉率

除纠纷退款判责外，商家承诺不履行、诱导交易欺诈、发货问题等投诉类型也会计入纠纷投诉判商责率的考核；投诉判定成立后，只要有处罚或者赔付成功就会计入考核。

作为售后客服，在查看退换货订单时要特别注意引导客户选择不影响售后指标的退换原因，如表 5.2.1 所示。

表 5.2.1　不影响售后指标的退换原因

退换类别	不影响售后指标的选项
未发货退款	• 不想要或拍多了 • 商品信息拍错（规格 / 尺码 / 颜色等） • 地址 / 电话信息填写错误 • 协商一致退款
已发货仅退款	• 与商家协商一致退款 • 退运费
已发货退货退款	• 拍错 / 多拍 / 不喜欢（7 天无理由退货） • 与商家协商一致退款
换货	• 7 天无理由换货

二、平台的退换货规则

为了优化客户购物体验，每个平台都有各自规定的退换货规则，因此售后客服在处理售后订单时，应提前对负责的平台退换货场景所涉及的规则要求进行梳理汇总及整合。

（一）淘宝的退换货规则

在淘宝网，客户自付款之日起到交易成功后的 15 天内可申请退款，自卖家发货之日起到交易成功后的 15 天内可申请退货退款、换货、维修。

但有部分类目是淘宝网不支持七天无理由的，例如定制类商品、个人闲置类、数字化商品等。

（二）退换货处理的相关时效规定

售后客服在平台处理退货时，还要特别注意相关的时效规定，以免因不及时跟进处理而造成商家的损失，如淘宝网关于超时的相关说明有以下几点。

（1）等待卖家发货，买家申请全额退款，将不限订单金额执行"未发货秒退"。

（2）卖家已发货，买家申请仅退款、退货退款，商家响应时长为 36 小时。

（3）卖家已发货，买家未收到货，买家申请仅退款，卖家拦截快递后需响应时长为 3 天。

（4）若买家退货物流信息无记录或者未签收，卖家确认收货时长为 7 天；若退货物流信息显示已签收，卖家确认收货时长为签收后的 48 小时，但最长确认收货时长不超过买家退货后的 7 天。

（5）卖家已发货，买家申请未收到货仅退款时，淘宝网将通知快递公司拦截货物，若快递公司返回拦截成功，将默认达成退款申请。

小试牛刀

请判断以下这些退货退款原因，当客户选择哪些会影响店铺指标，在表 5.2.2 里面打√。

表 5.2.2　分析客户退货退款原因是否影响店铺指标

退货退款原因	是否影响	退货退款原因	是否影响
与商家协商一致退款		少件 / 漏发	
退运费		包装 / 商品破损 / 污渍 / 裂痕 / 变形	
大小 / 尺寸与商品描述不符		质量问题	
颜色 / 图案 / 款式与商品描述不符		未按约定时间发货	
材质与商品描述不符		发票问题	
生产日期 / 保质期与商品描述不符		卖家发错货	
做工粗糙 / 有瑕疵		质量问题	

活动拓展

了解《中华人民共和国消费者权益保护法》关于消费者退换货的相关法律规定。

活动拓展

项目 5 业务处理篇：提供售后服务

活动2 处理退换货操作

活动描述

在了解退换货规则的基础上，王秀开始通过模拟练习、案例分析等方式，学习如何快速响应客户退换货请求，准确判断退换货原因，制定合理的处理方案，并跟进处理结果，确保客户满意。

知识攻坚

一、商品的退换货处理

处理商品退换货时，客服首先应查明退换货的原因，确认商品的情况，尽量通过沟通挽留或引导客户。

（一）核实情况

根据客户提供的照片和视频，核实情况。以下是确认是否支持退换货的参考标准。

（1）商品能够保持原有品质、功能，商品和相关配（附）件（如吊牌、说明书、三包卡等）齐全，保持原有品质、功能，无受损、受污、刮开防伪、产生激活（授权）等情形，无难以恢复原状的外观类使用痕迹、不合理的个人数据使用痕迹。

（2）客户进行合理的调试不影响商品的完好。

以下是客户提出退换货的案例。

客户：这是什么质量啊！才穿了2天就破了一个洞，我要退货！

客服：亲，麻烦你提供一下照片，方便我核实哦！

客服：亲，我看了您拍的照片，这个地方的破损可能是由于缝制时不太精细。您看这样行吗？您自己缝制一下或找人缝制，我这边为您提供一点补偿。

从上面的对话中可以看出，因商品的质量出现问题，客户穿了两天要求退货。在处理时，客服先要求客户提供证据，再给出合理的解决方案。这个方案的目的是给客户提供一种其他的处理方法，引导客户取消退货。若客户同意，则这个订单正常完成；若客户不同意，仍旧坚持退货，也要满足客户的要求。

（二）有效沟通

核实情况后，分析客户实际意图进行沟通。要运用适当的客服话术，让客户感受到店铺专业的服务态度，提高店铺形象。退换货相关的售后话术如表5.2.3所示。

表 5.2.3 退换货相关的售后话术

客户咨询场景	售后回复话术
未发货仅退款	亲，您好，没能给您带来良好的购物体验，我们深感遗憾！麻烦亲选择退款的时候，请选择"七天无理由退换货"或"我不想要了"，我们会尽快同意退款申请的，非常感谢

续表

客户咨询场景	售后回复话术
已发货仅退款	亲，这边看到您申请了仅退款。因为快递已经在路上了，我们会联系快递拦截，如果拦截失败了，建议您拒签商品。我们看到拒签记录后，会及时操作给您退款的哦。感谢理解
已发货同意退货退款	亲，这边建议您在寄回的包裹里面放入小纸条。注明内容：买家昵称（ID）、订单号、订单收货人的手机号码。如果没有填写的话仓库在拆包时无法快速识别是哪位亲亲寄回的包裹哦，这样的话就非常耽误给您处理退换货的时间啦。为了第一时间给您处理退换，麻烦您要记得写小纸条哈
客户提出退货退款申请	亲，您可以描述下具体什么问题需要退货并提供下商品图片哦。一般来说支持7天无理由退换货的商品，亲在收到后的7天内（且商品不影响二次销售）是可以接受退换货的，非质量问题退换货运费是需自理的哦
客户催促处理退款	亲，您好！收到退货后我们会在××个工作日内（不包含周六日以及法定节假日哦）统一处理客户的退款，请您耐心等待，如有问题可以随时跟我们联系哦
发错货	亲亲，对不起，出现这种情况给您添麻烦了，是我们的仓库人员没有仔细核实订单信息，最近订单比较多，不小心出现了发错货的情况。现在麻烦您申请一下退货退款，把收到的包包（不影响二次销售）寄过来。亲可以重新下单选择您要的商品哦，这边小客服为您安排加急补发，同时也赠送您一份小礼品作为补偿，运费都是由我们全部承担，您看这样行吗
换货	亲，您可以在手机端进入订单页面，找到需要换货的订单，点击"申请换货"，选择您的"换货原因"，我们售后会尽快审核处理～温馨提示：换货只支持同等价格的商品哦，如果您想更换其他商品，可以申请退货退款后再重拍哦
退款补偿	亲亲！真的很抱歉呢。小客服这边看这块污渍应该是出货的时候不小心沾到的，应该可以清洗干净的哈，为了表示我们的歉意，这边给您赔付5元的红包您看可以吗
缺货	小仙女，真的很抱歉呢。最近这边订单比较多，仓库现货有些不足，我们正在加班加点赶货中。您如果真的急用，可以申请退款，避免影响到您的生活，真心希望您不要错过这么好的产品呢。如果您愿意继续等待收货，这边可以给亲送一张我们家的5元无门槛优惠券哦
快递丢件	亲，您这边先不要着急，您的情况我们已经初步了解，我们正在和快递公司核实情况，请您耐心等候注意查收快件，后续我们也会持续为您跟进

二、退换货处理操作

当客户申请退款/退换货后，客服需要进行平台的售后处理，如图5.2.1所示。

图5.2.1 平台显示待售后处理订单

查看待售后的订单，如图5.2.2所示，该订单任务为催发货，即订单未发货，仅退款申请，卖家将会有"处理退款""去发货"的选项。

图 5.2.2　待售后订单信息

客服应就实际情况作出回应处理退款申请。如图 5.2.3 所示，客户退款原因是不想要了，申请仅退款。

图 5.2.3　卖家处理退款申请

仅退款处理完毕，如图 5.2.4 所示。

图 5.2.4　退款处理完毕

模拟练兵

一客户表示鞋子卡脚／磨脚，要求退换货，请各小组同学2人一组，分别扮演客户与售后客服，根据以下售后情况进行模拟对话，将对话记录下来。

模拟情形一：客户要求退货，商品完好。

模拟情形二：客户强烈要求退货，但商品影响二次销售。

任务3　处理投诉纠纷

任务导入

一场大促活动后，王秀所在的售后组遇到了很多投诉订单，例如有客户寄回退货退款的商品已经被剪标，售后拒绝退款申请，该客户就直接投诉平台客服，这些投诉订单要怎么处理呢？工作室的导师指导她，处理投诉时要学会分析客户投诉问题的原因、积极沟通、寻找解决方案以及提供补救措施，以确保客户的问题得到妥善解决，才能提高公司的售后服务水平和客户忠诚度。

任务分解

为了妥善处理客户投诉问题，王秀将学习如何分析客户投诉类型，以及对待不同投诉类型的应对方法，掌握一般投诉问题和严重投诉问题的处理措施。

任务实施

活动1　分析客户投诉类型

活动描述

王秀在工作室的导师指导下，对客户投诉的订单进行分析，并将相同或相似的原因进行归类，掌握有效处理客户投诉的流程。

知识攻坚

一、了解客户投诉

客户投诉是指客户对产品质量或服务态度不满而提出的异议、抗议、索赔和要求解决问题的方式。客户可以向商家主管部门反映、检举，并要求得到相应补偿。妥善处理客户投诉，既可以培养客户的忠诚度，又能提升企业的服务形象，是促进企业发展的重要助力。

二、客户投诉分类

客户投诉是网店运营中常见的现象，不同的投诉类型代表客户的不同需求和问题。在归纳客户投诉的分类时，一般投诉类型和严重投诉类型是两种主要的分类方式。

（一）一般投诉类型

一般投诉类型涉及的问题相对较轻，例如售后中差评或误会纠纷，但这些投诉仍然需要售后客服去关注和解决。一般投诉类型如表5.3.1所示。

表 5.3.1　一般投诉类型

问题分类	具体情况
商品质量问题	商品与描述不符、商品外观瑕疵、商品尺寸不符、商品与顾客预期有差异
物流问题	发货延迟、物流速度慢、包装破损
服务问题	客服响应速度慢、售后处理流程烦琐
价格问题	价格偏高、降价了
货源问题	缺货

这些问题虽然不会严重影响客户的使用体验、不会造成严重后果，但会影响客户的满意度和忠诚度。

（二）严重投诉类型

严重投诉类型则通常涉及更为严重的问题，可能对企业的声誉和客户关系产生较大影响。这些投诉包括以下几点。

（1）重大质量问题：产品或服务存在严重的质量问题，如安全隐患、功能失效等，这些问题可能导致客户受到实质性的损失或伤害。

（2）合同或权益纠纷：客户可能认为企业在合同履行过程中存在违约行为，或者认为自己的权益受到了侵害。

（3）涉及法律问题的投诉：如欺诈、虚假宣传等违法行为，这些问题不仅可能影响客户的个人利益，还可能涉及法律责任。

三、投诉处理策略

无论是一般投诉还是严重投诉，客服都应当认真对待，并积极寻求解决方案。投诉处理是需要一定的策略和技巧的。

（一）商品质量问题

商品质量是客户衡量商品使用价值的标准，产生商品质量投诉的主要原因包括外观有瑕疵、颜色偏差或使用过程与客户预期有差距等。处理方法参考如下。

确认问题：首先，核实客户投诉的商品质量问题是否真实存在，可以通过询问客户具体情况、索要商品照片或视频等方式进行。

退货/换货：如果商品确实存在质量问题，应尽快办理退货或换货，并承担相关运费。

赔偿：视问题严重程度，可以考虑给予客户一定的赔偿，以表达歉意和弥补损失。

后续跟进：针对反复出现的商品质量问题，应跟进提高货源质量避免再次发生。

（二）物流问题

遇到客户投诉物流情况，处理方法参考如下。

查询物流信息：首先查询订单物流信息，了解包裹的实际位置和配送状态。

催件/协调：如物流信息显示异常或配送延迟，应积极与物流公司协调，催促尽快配送。

补偿：因物流问题给客户造成的不便，可以考虑给予一定的补偿，如优惠券、红包。

后续跟进：与可靠的快递服务商合作。

（三）服务问题

客服提供服务时，难免会因为一些情况而造成客户投诉，如接待人数太多没有及时回复、言语表达不当而造成误会，切忌忙着解释，而应该先诚恳地道歉，再向客户说明服务不好的原因。可参考以下处理方法。

道歉：对服务不当给客户带来的困扰，应首先向客户表示歉意。

解决问题：迅速处理客户投诉的具体问题，确保客户的合理需求得到满足。

后续跟进：针对服务问题，加强对客服的培训，提升服务水平，避免类似问题再次发生。

（四）价格问题

价格是客户在购物过程中较为关注的内容，如果客户发现刚购买的商品突然降价，而且降价幅度还很大，那么客户肯定会不高兴，遇到这类情况，可参考以下处理方法。

解释价格差异：详细解释价格差异的原因，如促销活动、优惠券使用等。

退款/调整价格：如确实存在价格错误或误导，应及时为客户办理退款或调整价格。

后续改进：谨慎设置定价策略，并提前告知客户店铺活动时间，预防因价格原因造成的纠纷。

（五）货源问题

网店常见的货源问题主要包括缺货和断货两个方面。这时遇到客户投诉，处理方法参考如下。

告知情况：向客户说明当前货源紧张的情况并告知预计到货时间。

预售/预约：如商品短期内无法到货，可以考虑开启预售或预约功能，让客户提前下单。

寻找替代品：为客户提供其他类似或可替代的商品选项，以满足客户需求。

后续跟进：针对货源问题，应加强与供应商的合作，优化库存管理，确保货源充足。

以上投诉处理策略应根据具体情况灵活应用，以最大限度地解决客户投诉，提升客户满意度。同时，商家还应定期对投诉数据进行分析，找出问题的根源并采取有效措施进行改进。

项目 5　业务处理篇：提供售后服务

技能初探

请分析以下投诉内容属于哪种投诉类型？

情景一：

客户：不是说衣服是纯棉的吗？怎么收到的这件材质是棉麻的？

客服：亲，您好，我们的商品是严格按照实物进行描述的，都是纯棉的噢！

客户：是啊，你们商品描述里说的是纯棉，但我收到的是棉麻。纯棉和棉麻的手感与材质都不同。

客服：亲，请您提供相应的凭证噢！

客户：不信是吧，那我只好申请淘宝介入了。这个就是我拍的照片，明显是棉麻，不是纯棉！

情景二：

客户：我才买两天怎么就降价了？你们的价格都是随便标的吗？

情景三：

客户：你们客服就这样对待客户的吗？我要投诉你们！

行业观察

阅读企业案例，分组讨论企业在处理客户投诉时采用的方法。

行业观察

活动2　处理一般投诉

活动描述

对日常的一般投诉，王秀按正常的投诉处理流程进行解释，确保在合理时间内给予客户回复和让客户满意的解决方案。

知识攻坚

一、一般投诉处理步骤

在处理与客户之间的纠纷时，客服应该坚持有理、有节、有情的原则。投诉处理步骤如图 5.3.1 所示。

图 5.3.1　投诉处理步骤

（一）倾听

在客户提出投诉时，售后客服首要的任务是倾听客户的问题和抱怨。客服应该尊重客户的感受，耐心倾听客户表达的疑虑和不满，让客户感受到被重视和理解。

（二）分析

倾听完客户的投诉后，客服需要对问题进行分析和评估。准确地定位问题根源，找出问题发生的具体环节和可能的解决方案。一般客户投诉产生的原因如图 5.3.2 所示。

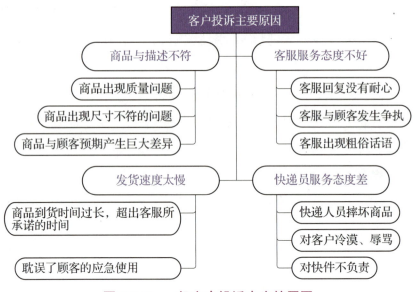

图 5.3.2　一般客户投诉产生的原因

（三）解决

在分析问题后，客服应该积极寻求解决方案并与客户沟通。解决问题的过程中，客服应该保持耐心、专业，确保客户满意并尽快解决问题。

（四）记录

投诉处理完后应该及时进行记录。这些记录不仅可以为客服积累处理投诉的经验，还可以帮助网店的各个部门反省，检查自己的工作是否到位。客服在进行客户投诉记录时可以参考表 5.3.2 来执行。

表 5.3.2　客户投诉登记表

投诉类型	处理时间	订单号	客户昵称	投诉原因	处理方案	受理客服

（五）跟踪

处理投诉并解决问题并不是终点，售后客服还应该进行跟踪工作。了解客户对解决方案的满意度，并持续关注客户的反馈和需求，提升客户满意度，预防类似问题再次发生。

二、一般投诉的处理话术

在了解客户投诉的原因后，客服就要先安抚客户情绪，同时创造一个和谐的对话环境，给出相应的解释，请求客户的理解，最后提出解决方案，努力与客户达成共识。一般投诉的处理话术如表 5.3.3 所示。

项目 5　业务处理篇：提供售后服务

表 5.3.3　一般投诉的处理话术

问题类型	具体分类	回复话术
商品与描述不符	商品有瑕疵	亲，不好意思，生产过程中难免会出现一些瑕疵，我们也跟厂家反映过这个问题了，我们保证，下次不会再出现这种类似情况。您可以选择七天无理由退换货，祝您购物愉快
	商品有色差	亲，由于在不同光线下拍摄宝贝，有可能会导致图片与实物有一定的色差，但是我们都是会尽力把色差范围缩到最小。如果您还是不满意的话我们支持七天无理由退换货，或者亲下次光临可以给您更多的优惠，希望可以互相体谅，祝您购物愉快
	商品尺寸不对	亲，购买之前如果不懂尺寸的话可以咨询下客服，详情页面也会有尺寸对照表，但是这些都是大概的数据，具体还要根据您平时使用的尺寸来订购哦，如果尺寸不对不影响二次销售下我们也是支持退换货，最后希望亲可以多多包涵，祝亲生活愉快
	商品味道大	亲，不好意思，让您产生不愉快了，新的布料多少会有点气味的哦，您如果感觉还是不满意，我们支持七天无理由退换货的哦，谢谢亲提出宝贵意见，我们会尽力改善这种情况。祝您生活愉快
	款式不喜欢	亲，您好，如果您实在不喜欢这件衣服，我们也支持7天无理由退换货的，所有商品都有运费险的，售后也是有保障的。谢谢亲的支持
物流问题	发货延迟	亲，由于这款宝贝很受欢迎，购买人数较多，工作人员忙不过来，由于发货不及时给您带来的不便，我们深感歉意！这边帮您返现或者送您点小礼物作为补偿，希望您可以互相体谅下，店铺有优惠活动也会第一时间通知您，希望下次能够给您一个完美的购物体验，谢谢亲的支持
	物流速度慢	亲，对物流发货速度慢我们深感抱歉。经我们查实，由于地区偏远或者气候影响导致了物流公司的发货速度减慢。在此情况下，快递员们还是辛苦把货给您送到了，希望亲可以体谅下。我们这边也帮您返点小礼物作为补偿，祝您购物愉快
	包装破损	亲，您好，经查实验证，是快递人员在运输途中由于疏忽导致损坏了物件。我们将向快递公司索要一定的赔偿，您那边把货退回来，运费险我们承担。给您造成的不便再次抱歉了
服务问题	客服响应速度慢	亲，对不起，由于光临本店的客户比较多，客服暂时忙不过来，回复您慢了真是不好意思，这里真诚向您道歉。感谢您对我们店的支持，您的光临是我们的动力，希望您能够有一个完美的购物体验
	客服服务态度差	亲，您的心情我理解，之前客服态度欠佳，我在这里真诚向您道歉，希望您多多包涵！为了感谢您的光临，您帮我们改为好评后，我这边帮您返现或者下次光临帮您免邮，您看行吗
价格问题	商品性价比不高	亲，宝贝不能如您所愿感到非常遗憾！我们家的宝贝都是质量比较好，价格也是非常合理的，相信您是经过千挑百选才会决定下单的！希望亲可以互相理解，如果您确实觉得不合适可以申请退换货，或者客服这边申请帮您返现或送点小礼物，您看可以吗？祝亲每天都有好心情
	刚买就降价	亲，不好意思，我们店铺有不定期的搞促销活动，所以产品在某个时间段会有降价。谢谢亲对本店的关注，您提出的宝贵意见我们会考虑采纳，及时告知您店铺的优惠信息。我们也支持给您退补差价，以红包方式给您返现，您看可以吗？祝您购物愉快

三、处理中差评

大部分客户在购买过程中都是会查看商品评价的,因此,当店铺出现中差评时,处理中差评也是售后客服的重要攻关任务。客服要找出中差评的原因,通过平台聊天工具或电话等方式进行客户回访,使用相应的话术和补偿来引导客户修改评价。在规定时间内及时挽回好评,降低中差评造成的影响。

(一)中差评的主要原因

1. 买卖双方误会

言语误会和沟通不畅是发生中差评的普遍原因。其症结可能是因为信息传递不清晰,或是双方对某些细节理解有偏差,导致购物体验不如预期。这种误会让客户感到不满和失望,于是选择中评、差评来表达他们的不满情绪。

2. 期望落差

有的客户收到商品后,觉得实物与想象差别太大,没有预期的效果,但又因为怕麻烦而不想与网店协商退换,于是给予网店中评、差评。

3. 服务不满

产品质量不达标或客服态度不佳,促使顾客选择中评、差评,以表达他们的不满情绪。

4. 恶意竞争

网店的竞争非常激烈,有些网店为了打击竞争对手,会故意对竞争对手卖得好的商品给予中评、差评。

5. 职业差评

职业差评师是指专门以给网店差评为手段来索要钱财的人。他们为了牟取利益,人为地找一些因素,列一大堆不合理的问题,并给予网店中评、差评。

(二)中差评的影响

中差评对店铺的影响是非常大的,直接影响到店铺的转化率、动态评分、搜索排名和客户忠诚度等,同时也间接影响到企业口碑传播、服务质量提升和经营成本。中差评对网店的影响主要包括以下4个方面。

1. 影响转化率

评价是潜在顾客挑选商品时的重要考虑因素。如果某个热销商品中出现了几个中评、差评,那么就会影响潜在顾客的购买欲望,导致商品转化率下降,从而使网店的利益受到损失。

2. 影响商品搜索排名

商品好评率的高低对商品的自然搜索排名有很大的影响。一般来说,中评、差评越多,好评率越低,搜索排名越靠后,导致网店在其他同类网店的竞争中处于劣势。

3. 影响店铺动态评分

淘宝店铺的DSR动态评分是由宝贝与描述相符、卖家的服务态度、卖家发货的速度、物流公司的服务等四个方面的评价组成的,中差评直接影响到店铺的 DSR 动态评分,而 DSR 评分又是买家在选择商品时参考的重要因素之一。因此,中差评又间接影响到商品销量。

4. 影响营销活动报名

淘宝网中几乎所有的营销活动(如聚划算、天天特价等)都对商品的好评率有一定的要求。若无法参加这些活动,网店的发展将会受到限制。

(三)正常中差评的处理

当遇上中差评时,售后客服需要联系客户,请求客户修改评价,这一过程可归纳为五个环节,如图 5.3.3 所示。

图 5.3.3　中差评处理环节

首先,礼貌对客户的身份和评价信息等进行确认,先向客户道歉,并根据问题提出解决方案,最后不管客户是否答应都要进行礼貌告别。如客户坚持不改,可在客户作出中差评的 30 天内进行解释评价,总共可以有 2 次评价解释机会,来挽回店铺形象。

小试牛刀

在淘宝网上收集 5 条客户的中差评,以售后客服的身份,对中差评情况进行评价回复,将内容和回复填写到表 5.3.4。

表 5.3.4　中差评处理

1	差评内容	
	售后回复	
2	差评内容	
	售后回复	
3	差评内容	
	售后回复	
4	差评内容	
	售后回复	
5	差评内容	
	售后回复	

实战演练

请根据资料背景,进行客户投诉的处理,分析投诉原因,提出处理方案,并将情况登记在表5.3.5。

(1)2024年4月12日,王秀在处理售后评价时,发现昵称为tb111的客户给了一个中评,评论的内容是"东西质量太差,根本没有说得那么好"。王秀查看该客户的订单,编号是202404121111后,主动联系客户,得知客户是因为在与客服沟通时,客服对商品的描述导致她收到实物后产生心理差距。

(2)2024年4月13日,王秀收到客户tb222的投诉,"我买的餐具套餐,怎么寄过来只有碗"。王秀对应查了该客户的订单202404122222,确认客户购买的是套餐,是仓库对这个包裹漏发或错发了。

表5.3.5 客户投诉登记表

投诉类型	处理时间	订单号	客户昵称	投诉原因	处理方案	受理客服

活动3 处理重大投诉

活动描述

工作室指导老师告诉王秀,在投诉订单的处理中,有部分投诉如果不尽快解决会造成投诉升级。因此,对影响较大的投诉,需要立即启动应急机制,迅速与客户沟通,并采取有效措施解决问题,避免事态升级。

知识攻坚

一、严重投诉与维权纠纷

严重投诉与维权纠纷,主要是指客户申请退款后,买卖双方对商品存在的争议较大,客户要求平台介入的投诉纠纷。当平台介入后,无论怎么判决,都会产生较为严重的后果。客户一旦投诉、维权成立,网店将会面临严重的处罚。

二、平台处罚行为

(一)违背承诺

违背承诺,指卖家未按约定或淘宝网规定向买家提供承诺的服务,妨害买家权益的行为。

卖家违背发货承诺的，情节一般的，向买家赔付一定的金额。情节严重的，还可采取提升赔付上限、扣A类6分、下架商品、删除商品等措施。

（二）恶意骚扰维权

恶意骚扰是指买卖双方交易过程中，存在纠纷/不愉快的情况下，部分商家会通过电话、短信、阿里旺旺、邮件等方式不间断地联系买家进行骚扰的行为，包含辱骂、严重威胁等行为。投诉成立后，即使买家同意撤诉的，处罚也不支持撤销。

（三）延迟发货维权

当客户在淘宝平台申请退款或售后时，选择的原因为"缺货"或"未按约定时间发货"，在维权成功的情况下，淘宝将通知从卖家保证金中扣除相应的赔付金额作为违约金。

延迟发货常见违规场景有以下几点：

（1）商家若设置发货时间为10天发货，实际超过10天未揽收成功属于违规（若未设置发货合约，默认为48小时）。

（2）商家发货期内点击发货，但是快递不揽收导致超过发货时间属于违规。

（3）商家单方面旺旺告知买家需要延迟发货，但是买家没有明确同意，超发货时间未揽收属于违规。

（4）超过发货期后商家再与买家约定发货时间，若买家投诉属于违规。

（5）买家购买2件商品，商家少发/漏发了1件，且商家未在发货时效内补发并揽收成功属于违规。

（四）质量问题、假冒商品

客户提出商品存在质量问题系肉眼不可识别的或系假冒商品的，客户未提供初步凭证的，交易支持打款。

商家应按照平台的要求，提供厂家的经销凭证、报关单据（进口商品）、产品合格证、商业发票、执行标准等相关凭证以证明商品来源或出厂合规。卖家无法提供的，交易支持退货退款。

（五）描述不当、表面不一致情形

客户提出商品存在描述不当时的，客户应当提供初步凭证予以证明，商家应对客户提供的凭证作出平台认可的合理解释或提供证据证明，否则淘宝平台将认定描述不当属实。

三、严重投诉处理方法

如果发现网店被恶意投诉，客服应积极响应，掌握严重投诉处理方法。

（一）保持冷静

首先要保持沉着冷静，在与投诉者沟通的过程中，千万不要自乱阵脚，不要在意他们的恐吓，保持冷静的心态，然后思考问题的解决方法。

(二)自查原因

恶意投诉的投诉者一般会先购买商品，然后进行高额索赔。遇到恶意投诉时网店针对投诉者投诉的问题，要先查明原因（如网店的商品是否在包装、商品描述、物流等方面是否有纰漏，或者网店的经营是否不符合淘宝网规则、违反了网店经营规则），然后再找应对措施。

(三)咨询官方

客服要根据网店的情况向淘宝官方客服进行咨询，了解淘宝网的官方处罚措施，或者通过淘宝官方客服进行调解和申诉，然后根据不同的情况进行针对性处理。

(四)协商处理

进行投诉分析后，如果网店确实存在某些方面的遗漏，可能要面临相应的处罚时，客服可以与投诉者进行协商，适当满足投诉者的合理要求，使其撤销投诉；如果不是网店的问题，或者问题不大，那么不用理会投诉者，不久他们就会放弃投诉。

(五)查漏补缺

诚信乃经营之本。要尽力保证商品在包装、质量、服务等方面不存在问题，否则很容易被别有用心之人盯上，进行投诉。除此之外，客服还要熟悉电子商务平台的经营规则（如淘宝网规则、天猫规则、京东规则等），因为部分投诉者就是利用一些规则漏洞进行投诉的。

(六)法律途径

如果是因为不熟悉经营规则而导致被投诉，网店也不能因为担心害怕就轻易满足投诉者的要求，使其非法获利。有的恶意投诉很可能是竞争对手所为，目的是降低网店的商业信用。发现这些情况时客服要及时申诉，并向有关部门举报，打击投诉者的违法行为、维护自己的正当权益。

四、严重投诉处理流程

(一)恶意行为处理

商家遇到恶意下单，恶意退款或异常评价等行为时，可以通过恶意行为投诉工具向平台寻求保护，投诉成功可获得多重保护。

（1）恶意行为投诉入口：千牛工作平台—交易—投诉与申诉—我要投诉，如图5.3.4所示。

图5.3.4 恶意行为投诉入口

（2）选择对应的投诉类型进行处理，如图 5.3.5 所示。

图 5.3.5　投诉类型

如被投诉发货/缺货等违约问题在满足恶意行为投诉受理范围的条件下，在选择"异常订单"—"骗延迟发货赔付"，举证聊天记录/保存语录/短信截图/微信截图/QQ 截图等。

（二）投诉结果申诉

若客户已投诉成立产生违规处罚，可针对平台投诉结果进行申诉。申诉入口：千牛工作平台—交易—投诉与申诉—我要申诉，如图 5.3.6 所示。

图 5.3.6　申诉入口类型

注意：申诉期在处罚后 6 天内，申诉入口只开放一次，申诉提交后，审核时间为 3 天。

（三）投诉订单赔付

商家被投诉的订单主要有以下三种赔付情况。

（1）延迟发货：卖家未在发货时间内完成发货的行为，视为延迟发货。

（2）缺货/发不了货/拒绝发货：订单延迟发货后的 72 小时内仍未发货或商家自主承认缺货/拒绝发货/要求加价发货的，视为缺货。

（3）虚假发货：卖家在发货过程中，对应物流信息存在明显异常或未真实发出应交付商品的行为，视为虚假发货。包含但不限于以下情形：订单显示"已揽收/揽件"等信息后 24 小时内无任何物流更新记录的；物流信息与实际收货地址不符；其他异常情形。

被投诉处理界面如图 5.3.7 所示。

图 5.3.7　被投诉处理界面

特别要注意的是，在处理严重投诉及维权问题时，一定要注意对时间的把握，所有的投诉争取在3个工作日内让客户撤销维权，避免因投诉处理超时造成损失。

总之，无论是一般投诉还是严重投诉，企业都应当认真对待，并积极寻求解决方案，以提高客户满意度和忠诚度，维护企业的良好形象。

实战演练

某店铺近期有一笔异常订单，客户拍了11件同款商品，客服进行确认时客户没有回复，由于没有及时发货，客户以延迟发货为由申请赔付，平台从保证金中扣除赔付金额给该客户，当卖家发现时，已过去2天时间了，请分析卖家的情况，并提出解决措施。

项目提升

实训名称： 参与企业售后岗位实践。

实训背景： 在产教融合共同培养的背景下，很多学校与企业积极开展校企合作。通过选拔学生参加不同企业的项目组实践，让学生在校期间就能对接企业岗位，实现岗位实习。

实训目的： 提高学生客服的综合技能，积极参与产教融合岗位实训。

实训过程：

1. 分配企业客服子账号，进行登录。
2. 参与一个周期的接待服务。
3. 周期后公开企业后台的客服数据进行复盘分析。

项目小结

通过本项目的学习，同学们掌握了售后客服的服务流程及投诉处理方法，能够进行退换货处理，引导客户修改中差评。在实训过程中，培养了学生真诚服务的态度，提升了团队合作意识。学生通过岗位实习，将理论应用于实践，提升售后处理技能。

项目反馈

请根据本项目的工作任务，进行自评、互评、企业评价和教师评价。学习评价反馈表如表5.3.6所示。

项目 5　业务处理篇：提供售后服务

表 5.3.6　学习评价反馈表

小组名称			小组成员				
项目	评价项目	评价内容	评价维度				
			自我评价/25%	队员评分/25%	企业评分/25%	教师评分/25%	总分/100%
提供售后服务	知识学习	1. 能准确判断售后服务的类型。（10分） 2. 能明确各类售后服务的处理流程。（10分） 3. 能明确客户投诉类型和处理方法。（10分）					
	技能训练	1. 能独立解决客户售后咨询问题。（10分） 2. 能够处理退换货操作。（10分） 3. 能够积极处理客户投诉问题，提升企业形象。（20分）					
	素养提升	1. 按时上下课，并按照要求完成课前作业、预习、课后作业。（10分） 2. 学习态度端正，积极参与课堂活动，遵守学习和实训场室管理规定。（10分） 3. 学习实践中，提升爱岗敬业、责任担当和危机意识。（10分）					
	学习收获						
	完善提高						

项目 6

进阶篇：电子商务客服进阶技能

项目情境

倾听心声，沟通无限，客服用心，满意相伴

建立完整的客户服务管理体系，通过个性化的服务、维护重要客户、创新营销策略以及利用数据思维和数据分析来提升业绩和客户满意度。这将有助于企业在竞争激烈的市场中脱颖而出，实现可持续发展。

王秀团队承接了校企合作项目，对接美团本地生活平台，美团平台要求客服团队，收集整理客户数据，维护重要客户并提供个性化服务，为新老客户制定创新型的营销策略。

学习目标

知识目标：

1. 熟练掌握收集整理客户数据的方法
2. 熟知维护重要客户的方法
3. 熟知电子商务营销活动种类
4. 撰写营销活动话术技巧

能力目标：

1. 熟练收集整理客户数据，完成消费者行为画像
2. 学会撰写营销活动推广话术
3. 能够维护重要客户
4. 能够引导客户下单和关联销售

素质目标：

1. 培养学生的职业技能和精益求精的学习态度
2. 提高学生创新精神和数据思维
3. 引发学生对个人升学就业的切身思考

思维导图

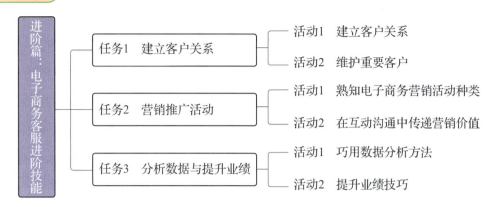

任务 1　建立客户关系

任务导入

通过数据分析，王秀发现获客成本越来越高，而维护老客户的成本远低于新客。王秀决定利用互联网技术对客户信息进行存储与维护，并将客户的数据进行整理分析、建立会员等级制度，从而维护重要客户，提升个性化服务，实现精准营销。

任务分解

认识建立客户关系的重要性，对客户数据进行收集、整理和分析，完成消费者行为画像，实现会员等级建立，按照维护重要客户的具体方法，分类采用有效沟通方式建立信任关系。

任务实施

活动1　建立客户关系

活动描述

王秀在客服主管的带领下，开始收集客户信息，通过数据的清洗和分析，发现可以将客户进行分类，实现消费行为画像。

知识攻坚

作为一名客服人员，维护重要客户关系是至关重要的。如何利用数据建立客户信息库，并制定维护重要客户的营销推广方案尤为重要。

一、维护客户关系的意义

（一）降低获客成本

随着市场竞争的加剧，企业获客成本不断增加。相比之下，维护好现有的客户关系，可以通过他们的口碑传播和推荐，为企业带来新的客户，从而降低获客的成本压力。

（二）老客户价值高

老客户已经与企业建立了信任关系，对企业的产品和服务有一定的认知和忠诚度。这种关系使老客户更有可能再次购买企业的产品或服务，并为企业带来更多的收入。此外，老客户还可能成为企业的口碑传播者，帮助企业吸引更多的新客户。

（三）维护成本低

与新客户相比，老客户对企业的产品和服务已经有了一定的了解，因此在沟通和服务过程中需要的时间和精力相对较少。

二、建立客户关系的方法

（一）收集、整理和分析客户数据

1. 建立客户数据收集表

在收集过程中，要确保数据的准确性和完整性，去除无效和重复的信息。

2. 整理客户数据

（1）建立数据库。

将收集到的客户数据存储在数据库中，方便后续的数据分析和挖掘。数据库应具有良好的结构和扩展性，以适应不断增长的数据量。

（2）清洗数据。

对数据库中的数据进行清洗，去除重复、错误和无效的数据。数据清洗可以提高数据质量，减少分析误差。

（3）分类数据。

根据客户属性或需求，将数据分类存储。例如，可以将客户按照购买历史、地域、年龄等属性进行分类。分类后的数据更容易进行针对性的分析和应用。

（4）备份数据。

定期备份数据库，以防止数据丢失或损坏。备份数据应存储在安全可靠的地方，并定期进行恢复测试以确保其可用性。

3. 客户数据分析

我们可以利用 Excel、SPSS、SAS、Tableau 等工具，帮助我们进行数据的统计、挖掘和可视化展示。最终对数据进行分类。

项目6 进阶篇：电子商务客服进阶技能

小试牛刀

这是一份客户人群标签分类表（图6.1.1），请按照基本属性、交易属性、营销属性进行数据分类。

旺旺名	联系方式	省市	职业	订单来源	成交订单数	客单价	成交金额	短信营销回顾客户	优惠价营销回购客户
旺财小达人	131××××1000	上海市	自由职业者	淘宝	5	¥200	¥1,000	否	是
快乐购物狂	132××××2000	北京市	学生	天猫	3	¥300	¥900	是	是
时尚潮流控	133××××3000	广东省	设计师	京东	8	¥40	¥320	是	是
品质生活王	134××××4000	浙江省	程序员	苏宁易购	2	¥110	¥220	否	是
优选好物君	135××××5000	江苏省	医生	小红书	12	¥10	¥120	是	是
秒杀小能手	136××××6000	四川省	律师	国美在线	5	¥20	¥100	否	否
品质优选家	137××××7000	陕西省	学生	拼多多	4	¥18	¥72	是	是
实惠达人秀	138××××8000	山东省	公务员	唯品会	7	¥20	¥140	是	是
购物小达人	139××××9000	福建省	教师	当当网	1	¥150	¥150	否	是
网购小能手	131××××0000	湖北省	会计	天猫	2	¥300	¥600	是	是
买买买小姐	131××××1000	广东省	人力资源	聚划算	3	¥25	¥75	否	是
快乐淘货族	131××××2000	海南省	产品经理	天猫	4	¥20	¥80	是	是
时尚购物侠	131××××3000	云南省	记者	淘宝	1	¥65	¥65	是	否
潮流前线者	131××××4000	重庆市	其他	小红书	2	¥20	¥40	是	是

图6.1.1 客户人群标签分类表

请大家根据数据属性，提取表6.1.1的数据。

基础属性：_____

交易属性：_____

营销属性：_____

（二）利用用户画像建立会员等级

1. 建立会员等级

根据用户在网站、APP上的浏览记录、点击记录、购买记录等获取行为数据。通过收集和分析用户数据来建立用户画像，完成收集行为数据。

2. 管理会员权益

对不同等级的会员提供不同的服务和特权，满足他们的不同需求。

（三）维护客户信息库

1. 数据更新和维护

更新客户的基本信息、购买记录、服务需求等。定期对客户数据库进行清理和整理，删除过时或无效的信息，以提高数据库的效率和准确性。

2. 利用客户信息库进行客户分析和营销

通过客户信息库中的联系方式，向客户发送定制的营销信息或促销活动信息，提高营销效果和客户满意度。

技能演练

某电子商务平台拥有庞大的用户群体和多样化的产品线，客服团队每天需要处理大量的客户咨询、投诉和售后请求。为了提高客服响应速度和解决率，面对新客户、老客户、高挽回客户、低挽回客户应选择哪种优惠活动方式，请在不同客户优惠方式分析（表6.1.1）里面打√。

表 6.1.1　不同客户优惠方式分析

	新客户	老客户	高挽回客户	低挽回客户
折扣、送优惠券				
力度较大的活动				
营销				
关怀				
会员积分购				

活动拓展

分析新客户、活跃老客户、高挽回客户、低挽回客户的特征，进而推送适合的优惠营销推广活动。

1. 新客户

按照记忆曲线，45天内对一件事印象会比较深刻，可以针对这部分客户单独做一次活动，例如折扣、送优惠券等，这是新客户二次转化比较好的一个方法。

2. 活跃老客户

这部分是黏度比较高的客户。对这部分客户，要让黏度变得更高。可以试着给这部分客户带来一些力度相对较大的活动。

3. 高挽回客户

对这部分客户要分两种方案，一是营销，二是关怀。

4. 低挽回客户

这部分客户是比较难以挽回的，策略是关怀为主，营销为辅。首先要做的是唤起回忆，然后适当选择力度比较大的活动进行推荐。

活动2　维护重要客户

活动描述

王秀发现维护客户的核心是让客户对所使用的产品放心，并且要让客户感受到良好的服务与产品附加值，从而成为忠实用户。

知识攻坚

重要客户往往为企业带来较大比例的收益和利润。当重要客户感受到体贴入微的服务时，他们会更愿意保持与企业的长期合作，继续为企业贡献价值。因此，客服人员应该学习如何与重要客户进行互动，服务好重要客户，让重要客户对企业产生更强的认同感和忠诚度。

一、维护重要客户的意义

（一）提高忠诚度

通过定期与重要客户保持联系，了解他们的需求和反馈，客服可以及时响应并解决问题，从而提高客户的满意度。

（二）增加保留率

通过维护重要客户，企业能够降低客户流失率，保持稳定的客户群体，并降低获取新客户的成本。

（三）促进口碑传播

重要顾客往往具有较高的社会影响力和人脉资源。他们的正面评价和推荐可以为企业带来大量的新顾客和潜在商机。

（四）了解市场需求

重要客户通常是行业的领先者或具有代表性的企业，他们的需求和反馈能够反映市场的趋势和变化。

（五）降低流失风险

通过维护重要顾客，企业可以降低客户流失的风险，保持稳定的业务环境和良好的市场地位。

二、维护重要客户的方法

（一）了解客户需求

1. 主动沟通

定期与客户进行电话或邮件沟通，了解他们最近的业务动态和可能的变化。在客户主动寻求帮助或咨询时，积极倾听并询问更多细节，以获取更全面的信息。

2. 询问信息

在沟通过程中，提出有针对性的问题，询问客户的具体需求、痛点或期望的改进点。例如，可以询问客户关于产品使用的频率、遇到的问题、希望新增的功能等。

3. 收集客户反馈

设计并发送调查问卷，收集客户对产品、服务或整体体验的反馈。在产品内部或官方网站上设置反馈渠道，鼓励客户随时提供意见和建议。

4. 观察客户行为

通过客户使用产品或服务的记录，观察他们的使用习惯、偏好和遇到的问题。监控客户在社交媒体、论坛或评价平台上的言论，了解他们对产品或服务的看法和反馈。

5. 使用数据分析工具

利用CRM（客户关系管理）系统或其他数据分析工具，对客户数据进行深入分析，识别出客户的购买模式、偏好和需求趋势。通过数据分析，预测客户未来的需求，并提前制定相应的服务策略。

（二）定期联系客户

1. 制订联系计划

根据重要客户的业务需求、购买频率和反馈情况，制订一个定期联系计划。例如，每月或每季度进行一次电话沟通，或者定期发送邮件或短信。

2. 主动发起联系

主动发起联系，表达你对客户的关心和关注。这可以让客户感受到你的诚意和专业性。

3. 询问客户需求

在联系时，主动询问客户最近的业务情况、使用产品或服务的体验，以及是否有任何建议或反馈。这可以让客户感受到你重视他们的意见和需求。

4. 提供有价值的信息

除了询问需求和反馈外，还可以主动提供有价值的信息，如行业资讯、产品更新、优惠活动等。这可以让客户感受到你的专业性和关注度，并增加他们对你的信任。

5. 解决客户问题

如果客户在沟通中提到了任何问题或困难，要及时提供解决方案或建议，并跟进处理结果。这可以让客户感受到你的高效和负责任的态度，从而增加他们对你的信任。

6. 建立个性化联系

在与客户沟通时，要注意关注客户的个人喜好和兴趣，并据此进行个性化的联系。例如，在客户的生日或重要节日时发送祝福邮件或短信，或者在客户感兴趣的话题上进行深入交流。这可以让客户感受到你的关心和关注，从而增加他们对你的信任。

（三）发送优惠

1. 赠送积分

根据重要客户的消费习惯，可以设定不同的积分规则，如高频消费顾客享受更多积分。

2. 设立会员专享

设立会员专享折扣，重要客户在购买商品或服务时，可以享受到比普通顾客更低的折扣价格。还可以根据会员等级设置不同的折扣率，鼓励顾客提高消费额度和忠诚度。

3. 发送礼品券

定期向重要客户发放优惠券或礼品券，可以在下次购物时享受折扣或免费赠品。优惠券可以设置不同的使用条件和有效期限，以刺激顾客的购买欲望。

4. 发送生日礼遇

在顾客生日时，发送生日祝福并附带专属的优惠券或礼品，让顾客感受到特别的关怀和重视。

5. 设置推荐奖励

鼓励重要客户向亲友推荐您的品牌或产品，并提供相应的推荐奖励，如现金红包、积分或折扣券等。

技能演练

主动联系客户十分重要,请你完成编写主动联系客户话术(表6.1.2),编写一个联系客户的话术。

表 6.1.2　编写主动联系客户话术

亲切问候式	
产品/服务相关式	
感谢回馈式	
活动邀请式	

任务 2　营销推广活动

任务导入

A顾客是一名女白领,王秀在整理数据时发现A顾客下单了一件婴儿衣服。在母亲节营销活动中,王秀向A顾客推送了优惠券,满减后刚好能够买一件婴儿睡袋。王秀紧接着推送了睡袋信息,五分钟后,王秀发现A顾客下单了。

任务分解

王秀通过整合数据库资源,向已有用户发送营销活动,提供新产品信息、促销活动等可以实现精准营销,提高营销效果。客服人员需要了解各种活动的特点和适用场景,以便在与客户沟通时能够灵活运用,提高转化率。

任务实施

活动1　熟知电子商务营销活动种类

活动描述

王秀开始搜集客户近期购物异样状态,通过标注分类,针对不同的营销场景,推送营销活动优惠券、积分购买、好评有礼等吸引客户参与促销活动。

知识攻坚

一、常见营销活动方法

（一）独次促销法

独次促销法通过强调商品的独特性、限时性、高品质保证和库存控制等特点，吸引消费者的注意力并刺激他们的购买欲望。

对限量版商品，由于其数量的有限性，采用独次促销法能够更好地体现其珍贵性。消费者会意识到错过这次购买机会，可能就无法再拥有这款商品，因此更有可能产生购买行为。

（二）反时令促销法

反时令促销法是一种灵活多变的营销策略，可以在不同的场景中发挥作用。

换季时节：当季节交替时，消费者往往会根据新的季节需求来更新自己的衣物和用品。然而，有些消费者可能会提前或滞后于季节变化进行购物。此时，客服可以通过反时令促销法，向这些消费者推荐上一季或下一季的商品，并提供相应的优惠和折扣，以满足他们的特殊需求。

（三）轮番降价促销法

分期分批地选择一些商品为特价商品，并制作大幅海报贴于商店内外，或印成小传单散发给顾客。这些特价商品每期以三四种为限，以求薄利多销，吸引顾客，且每期商品不同，迎合顾客的好奇心理。

库存积压：为了尽快清理库存，可以采用反时令促销法，将这些商品以较低的价格进行销售。客服可以通过电话、邮件、社交媒体等渠道向潜在客户推广这些商品，并解答他们的疑问，以促进销售。

（四）每日低价促销法

每天推出低价商品，以吸引顾客的光顾。通过持续提供低价商品，商家能够吸引消费者多次光顾店铺，增加他们的消费黏性。

可以将每日低价促销法作为日常销售策略，通过每天提供一定数量的低价商品来吸引顾客的光顾，提升店铺的客流量和销售额。

（五）裂变引流法

裂变引流法利用社交网络的传播特性，使信息能够在短时间内迅速扩散。

当企业推出新产品或服务时，裂变引流法可以迅速扩大产品曝光度，吸引潜在用户的关注和试用。客服可以通过用户之间的口碑传播和社交网络分享，新产品或服务能够迅速在市场上获得认可和接受。

二、创设营销推广活动

（一）创设推广活动步骤

1. 明确活动主题

选择一个引人入胜且相关的主题至关重要，例如"本次活动的主题是'××狂欢节'，我们为您准备了一系列惊喜优惠！"。

2. 列出优惠内容

例如"在活动期间，您可以享受到全场商品××折的优惠，更有满减、赠品等福利等您来拿！""特别推荐我们的新品××，现在购买即可享受买一赠一超值优惠！"。

3. 强调活动亮点

例如"本次活动的亮点是限时抢购，数量有限，先到先得！错过今天，就要等一年哦！"

（二）了解平台推广活动

1. 社交媒体活动

利用微博、微信、抖音等社交媒体平台，发布有趣、互动性强的活动信息，如话题挑战、有奖问答、转发抽奖等，吸引用户参与并分享，提高品牌曝光率。

2. 线上优惠活动

通过电子商务平台或企业官网，推出限时折扣、满额减免、买一赠一等优惠活动，吸引用户下单购买。同时，可以结合节假日、季节交替等时机，推出符合产品特性的促销活动。

3. 会员专享活动

针对注册会员，提供专属优惠、积分兑换、会员日特权等福利，增加用户黏性，提高复购率。

4. 线下体验活动

举办线下体验店、产品试用活动，吸引过往人群参与并了解产品。同时，可以与相关企业或机构合作，共同举办活动或互相宣传，扩大活动影响力。

5. 主题营销活动

根据产品或服务的特性，尝试创新的主题，如节日主题、季节主题、文化主题等，以吸引客户的注意力，使他们感到参与活动的价值。

6. 口碑营销活动

鼓励用户分享自己的购物体验、使用心得等，通过社交媒体、评价平台等渠道传播正面口碑。可以设置分享奖励机制，如分享有奖、晒单有奖等，激励用户积极参与。

小试牛刀

请根据营销活动创设的步骤，对比分析不同客服撰写的营销活动话术进行点评，选出最合适的应答，完成不同客服撰写营销推广活动话术示例（表6.2.1）的填写。

表 6.2.1 不同客服撰写营销推广活动话术示例

步骤	营销推广话术	对比分析
开场	您好，感谢您关注我们的促销活动！这次我们有很多优惠商品和特别优惠，相信您一定会喜欢	
	您好，欢迎致电我们的客服中心，我是您的客服代表，请问有什么可以帮您	
介绍促销活动内容	我们的促销活动是限时限量的，您可以在××月××日之前享受××折的优惠，并且购买满××元还可以免费获得价值××元的赠品	
	您好，我想和您分享一个我们正在进行的特别优惠活动，我相信您一定会感兴趣	
解答客户疑问	您放心，我们的促销活动是真实有效的，所有商品都是正品，有完善的售后服务保障	
	如果您对活动有任何疑问，都可以随时问我。比如您想了解这款商品的尺寸、材质或者发货时间，我都会为您解答	
激发购买欲望	这个优惠力度真的很大，机会难得，错过了可能就要等很久了。您不妨考虑一下，现在下单还能享受更多的优惠	
	我看到您的购物车里有几款我们促销的商品，现在下单真的很划算，您不妨直接结算吧	
处理客户拒绝	我理解您可能还在考虑，不过这次促销活动的优惠真的很不错，如果您错过了可能会有些遗憾。当然，您也可以先收藏商品，等您决定好了再下单	
	如果您觉得这次活动不符合您的需求，我们也可以为您推荐其他更适合您的产品或优惠	
结束	感谢您花时间了解我们的促销活动，如果您有任何问题或需要进一步的帮助，请随时联系我们	
	祝您购物愉快，如果有任何疑问或需要帮助，都可以随时找我们	

活动2 在互动沟通中传递营销价值

活动描述

王秀在张主管的带领下，对客户进行分类，在沟通中询问、观察和倾听，客服获取客户的基本信息，如购买偏好、预算、使用场景等，从而为客户提供更精准的产品推荐和解决方案。

知识攻坚

一、营销推广策略

（一）病毒式营销

病毒式营销是让营销信息像病毒一样传播和扩散的策略。病毒式营销的核心在于通过提供有价值的产品或服务，激发用户的参与热情，并鼓励他们自发地分享给其他人，从而实现信息的快速传播和品牌的广泛覆盖。

（二）个性化营销

个性化营销，也称为定制化营销，是一种根据消费者的兴趣、需求和行为特征，通过数据分析和算法技术，为其提供定制化的产品、服务和体验的营销策略。

（三）体验式营销

体验式营销是一种通过创造和提供与产品或服务相关的体验来吸引和留住消费者的营销策略。它强调消费者的参与和体验，通过看、听、用、参与等手段，充分刺激和调动消费者的感官、情感、思考、行动、联想等感性因素和理性因素，从而增强消费者对品牌的认同和忠诚度。

（四）场景化营销

场景化营销是一种基于消费者特定场景下的需求和行为，通过创造与产品或服务相关的场景体验，来引发消费者共鸣并促进销售的营销策略。

二、沟通推广方法

（一）病毒式营销沟通推广方法

（1）制作有趣、有用、引人入胜的内容，如视频、文章、图片或互动游戏等，吸引客户的注意力和兴趣。

（2）利用社交媒体平台的分享、点赞、评论等功能，鼓励客户参与互动，并扩大内容的传播范围。

（3）提供奖励或优惠，如优惠券、折扣、积分等，以激励客户分享内容或邀请朋友注册。

（二）个性化营销沟通推广方法

（1）根据客户的兴趣和需求，策划定制化的产品推荐或优惠活动，如生日优惠、纪念日礼品。

（2）根据客户的需求和偏好，提供个性化的服务。例如，针对VIP客户提供专属的客服团队或快速响应通道。

（3）根据客户的活跃渠道和偏好，选择合适的沟通方式进行推广。例如，小红书、抖音等留言板块。

（三）体验式营销沟通推广方法

（1）利用虚拟现实（VR）或增强现实（AR）技术，为客户提供沉浸式的体验。例如，让客户在虚拟环境中试用产品或服务，以便更直观地了解产品的特点和优势。

（2）在沟通中设置互动环节，如问答、抽奖等，增加客户的参与度和兴趣。邀请会员参与线下体验活动，如产品试用会、新品发布会等，让客户亲身体验产品或服务。

（四）场景化营销沟通推广方法

（1）通过场景模拟、互动游戏等方式，让用户更直观地感受产品或服务。

（2）向目标客群传递不同的消费场景、使用场景，吸引他们的兴趣和购买欲。

（3）在与客户沟通时，通过语言描述或图片、视频等方式模拟场景体验。

任务 3　分析数据与提升业绩

任务导入

王秀在整理数据时发现，本月开始时有 486 位客户，结束时有 371 位客户，流失率为 23.6%。这一数据引起了王秀和团队的注意，原本好朋友般的顾客，突然间对你发的促销信息、节日问候、礼品赠送等都没有回应。等你反应过来打电话问候时，对方却是客气敷衍的态度。对存在流失风险的客户，应该如何做才能挽回他们呢？找出动因、采取挽留措施是迫在眉睫的问题。

任务分解

客服部门应持续关注客户流失情况，合理地利用数据分析方法了解客户行为、服务质量和市场趋势，并根据数据分析的结果和策略实施的效果进行持续改进。通过不断优化产品和服务，提高客户满意度和忠诚度，降低客户流失率。

任务实施

活动1　巧用数据分析方法

活动描述

王秀在客服主管张主管的带领下，开始搜集流失客户信息，并对流失客户进行分类。

知识攻坚

客服在推广活动时，过于盲目推广，可能会遇到多种问题，这些问题不仅无法有效地提高交易转化率，还可能对客户关系产生负面影响。利用合理的数据分析方法，对比客户行为，采取有效挽回措施显得尤为重要。

一、常见数据分析的方法

（一）对比分析法

通过对比两个或两个以上的数据，分析它们的差异，揭示数据所代表的事物的发展变化情况和规律性。

（二）关联分析法

关联分析法指发现客户行为、需求、投诉等数据之间的关联关系，从而指导客服工作，优化服务流程，提高客户满意度。通过分析客户的投诉数据，关联分析法可以发现常见的投诉问题及其之间的关联。例如，某些产品问题可能经常与特定的购买渠道或时间段相关联。

直通职场

通过分析客户购买商品之间的关联关系，了解客户的购物习惯和偏好，以进行相关产品推荐，即精准营销。如在京东购买产品时，旁边会出现购买该商品的人还会购买××产品，快速帮助顾客找到其共同爱好的产品。

通过对购物车商品进行分析，分别算出支持度、置信度、提升度三个层面的数据，客服对数据进行分析，决定是否关联商品推送。支持度、置信度、提升度数据分析表如表6.3.1所示。

表 6.3.1 支持度、置信度、提升度数据分析表

项目	A 商品	B 商品	分析结果
支持度	100 单	80 单	同时购买 A、B 有 60 单，组合支持度 =60/100=60%
置信度	80 单	70 单	同时购买 A、B 的是 60 单，置信度 =60/80=75%
提升度	80 单	60 单	同时下单的是 60 单，提升度 =60/80>1，A、B 组合方式是有效的

（三）留存分析法

用于分析用户参与情况和活跃程度，考察进行初始行为的用户中，有多少人会进行后续行为。通过留存分析，可以了解客户对服务的满意度和忠诚度。

（四）文本分析

对客服聊天记录、客户反馈等文本数据，可以使用文本分析方法来提取关键信息、情感倾向和主题等。这有助于了解客户的需求、问题和情感状态。

（五）聚类分析

聚类分析可以将客户问题分类并找出问题的共性和特点。这有助于识别常见问题和客户群体的特征，从而制定更加有针对性的解决方案。

（六）时间序列分析

时间序列分析用于研究按时间顺序排列的数据序列的特征和规律。在客服数据分析中，时间序列分析可以用于分析客户行为、问题发生率等随时间的变化情况。

二、分析流失客户

（一）识别信号

1. 活跃度信号

客户活跃率的下降通常是更前瞻性的流失信号。结合客户生命周期，关注用户活跃率变

化，能更早捕捉到客户即将流失的痕迹。

2. 满意度信号

结合客户的整体态度与行为变化来进行判断。通过CEM（客户体验管理）主动了解客户心声。例如向客户发送满意度调查问卷，如果有客户直接给出很低的评分，那就意味着他不太可能再进行复购。

（二）找出动因

要想挽留潜在流失客户，企业必须弄清楚背后真正的动因，满足客户的实际要求、弥补不足才能留下客源。例如：产品质量问题、价格问题、服务态度问题、促销力度问题、需求发生变化等。

三、挽救措施

（一）定位掉单客户

（1）收集所有掉单客户的信息，包括他们的购买历史、浏览记录、咨询记录等。

（2）通过数据分析工具，如数据挖掘、聚类分析等，进一步细分掉单客户群体，找出不同群体之间的区别。

（二）聚焦不满动因

（1）分析掉单客户在购物过程中遇到的问题和困难，如价格过高、产品质量问题、配送不便等。

（2）根据收集到的数据，为掉单客户构建详细的客户画像，包括他们的消费习惯、购买偏好、需求痛点等。分析这些数据，找出掉单客户的共同特征，例如购买频率低、咨询后未购买、浏览后未下单等。

（三）采取有效行动

（1）根据定位到的掉单原因，制定相应的策略，如降低价格、提升产品质量、优化配送服务等。

（2）针对不同类型的掉单客户，制定个性化的营销策略，如提供优惠券、推送定制化的产品推荐等。

活动2　提升业绩技巧

活动描述

王秀在张主管的带领下，评估现有的沟通话术是否清晰、准确、易于理解，挑选典型的沟通案例进行深入剖析，找出成功与失败的原因，根据分析结果，制定针对性的优化方案，包括调整话术结构、增加或删除某些内容、改变表达方式等。

知识攻坚

一、评估客服业绩

（一）评估关键数据

1. 客户满意度数据

通过客户满意度调查、反馈表单或在线评价系统收集客户对客服沟通话术的满意度。这直接反映了话术对客户体验的影响。

2. 首次解决率（FCR）

评估客服团队使用当前话术时，能够一次性解决客户问题的比例。高FCR表示话术能有效减少客户的二次或多次询问。

3. 平均响应时间

衡量客服从接收到客户问题到开始回复的平均时间。这反映了话术是否简洁明了，使客服能够迅速响应。

4. 平均处理时间

评估客服从接收到客户问题到完全解决该问题的平均时间。这可以揭示话术是否有助于加快处理速度。

5. 投诉和误解的数量

统计由于话术不清晰或不当导致的客户投诉和误解的数量。这有助于识别话术中的潜在问题。

6. 话术使用频率

追踪和分析各种话术的使用频率，常用话术可能需要进一步的优化和更新，而很少使用的话术可能需要被重新考虑或删除。

7. 对话长度

评估使用特定话术时的平均对话长度。长对话可能表示话术不够清晰或有效，导致需要更多沟通才能解决问题。

小试牛刀

请你分析下面这段话术，是否需要修改对话长度？应该怎么修改？

亲，感谢您向我们反馈水果品质问题。为了更准确地为您处理赔付事宜，请您先统计一下收到的水果中坏果的数量，并计算其所占的百分比。坏果达到1/3赔付30%，坏果达到1/2赔付50%，全部破损赔付100%。您可以联系我们的客服团队，提供坏果的照片和比例信息。我们会根据您提供的信息，以及我们的赔付政策，为您进行相应的赔付处理。

请注意，我们的赔付政策是基于坏果比例和订单金额来确定的。具体的赔付金额或方式，我们会根据您的实际情况来为您制定。

（二）修订话术内容

1. 简化措辞
使用简单易懂的语言，避免使用过于复杂或专业的词汇，确保客户能够轻松理解。

2. 增加信息完整性
确保话术中包含所有必要的信息，如产品特性、使用方法、售后服务等，以便客户能够全面了解产品。

3. 调整话术结构
话术的结构和顺序，使其更加清晰、有条理，方便客户快速找到所需信息。

4. 注入同理心
在话术中加入一些关心和安慰的语句，让客户感受到客服的关心和支持。

二、业绩提升技巧

（一）明确业绩指标

熟知产品利益点、卖点。根据用户关注的问题主动介绍产品卖点，不断跟进买家下单情况，未付款时及时催付。

通过客户反馈和评分来衡量客户满意度。通过首次响应即解决客户问题的比例来评估客服解决率。通过衡量客服回复客户询问的平均时间来评估响应时间。通过查看客服推动完成的订单或交易量来评估成交量。

（二）制定提升策略

1. 提升客服技能
定期培训：针对产品知识、沟通技巧、情绪管理等进行定期培训。

2. 优化工作流程
制定并优化客服工作流程，确保每个步骤都高效且符合客户需求。利用 AI 技术，如智能回复、自动分类等，减轻客服工作压力，提高效率。

3. 设定激励机制
根据客服的业绩指标，设定相应的奖励制度，如奖金、晋升机会等。定期组织团队活动，增强团队凝聚力，提高工作积极性。

三、实施与监控

1. 实施策略
将提升策略具体化为行动计划，并分配给每个客服人员。设定实施时间表，确保策略按计划进行。

2. 监控与调整

定期收集和分析客服业绩数据,评估策略的有效性。根据数据分析结果,及时调整策略,确保业绩持续提升。

3. 建立追踪系统

(1)建立问题追踪系统。确保每个问题都被追踪和记录,以便快速找到解决方案。

(2)提供明确的解决方案。当客户提出问题时,提供清晰、明确的解决方案,以减少他们的困扰。

(3)定期跟进。在解决问题后,定期跟进以确保客户满意,并收集反馈以改进服务。

项目提升

实训名称: 撰写营销软文话术。

实训背景: 项目组对喜欢奶茶的客户进行数据分析,撰写参与奶茶新品营销推广话术。

实训目的: 用数据思维,撰写营销话术,参与真实的实训项目,体验客服工作岗位严谨的工作作风。

实训过程:

1. 收集、筛选、分析数据。

2. 策划营销活动,撰写营销推广话术。

项目小结

通过本项目的学习,能够熟练收集整理客户数据,实现维护重要客户的目的。能够运动数据分析和营销活动,提升销售业绩。

项目反馈

请根据本项目的工作任务,进行自评、互评、企业评价和教师评价。学习评价反馈表如表6.3.2所示。

表 6.3.2　学习评价反馈表

小组名称			小组成员				
项目	评价项目	评价内容	评价维度				
			自我评价 /25%	队员评分 /25%	组间评分 /25%	教师评价 /25%	总分 /100%
电子商务客服进阶技能	知识学习	1. 能收集并整理客户数据。（10分） 2. 能合理地运用维护重要客户的方法。（10分） 3. 能撰写营销活动话术，进行关联营销。（10分）					
	技能训练	1. 能独立熟练整理客户数据，完成消费行为画像。（10分） 2. 能引导客户下单，进行关联营销。（10分） 3. 针对不同的营销活动，能够对重要客户分类，撰写不同的营销推广话术。（20分）					
	素养提升	1. 按时上下课，并按照要求完成课前作业、预习、课后作业。（10分） 2. 学习态度端正，积极参与课堂活动，遵守学习和实训场室管理规定。（10分） 3. 学习实践中，提高学生创新精神和数据思维，提升学生的职业技能和精益求精的学习态度。（10分）					
学习收获							
完善提高							

项目 7

团队篇：搭建电子商务客服团队

项目情境

点亮技能之光，成就精彩人生

推进职普融通、产教融合、科教融汇，优化职业教育类型定位是习近平总书记在党的二十大报告中提出的战略。鼓励学生利用产教融合的机会，熟练掌握专业技能，是升学就业并重、拓宽学生成长成才通道的重要路径。

王秀、李刚在院校导师和企业导师的指导下，利用星星之火工作室这一校企合作平台，不断磨练操作水平，业务素质、沟通能力、技能水平均有了质的提升。随着工作室规模的扩大、业务量的提升，星星之火工作室决定委任王秀和李刚作为见习客服主管，独立构建新的电子商务客服团队，为本区域新增的合作伙伴提供电子商务客服。

学习目标

知识目标：

1. 熟练掌握团队架构及团队角色的概念
2. 熟知团队构建的原则及步骤
3. 掌握沟通与协作的内涵
4. 掌握客服团队构建的基本理论

能力目标：

1. 熟练运用协作与沟通技巧
2. 学会构建团队的基本步骤
3. 学会建立网店客服团队

素质目标：

1. 培养学生的团队协作、团队沟通的职业素养
2. 提高学生团队协作与集体荣誉感

思维导图

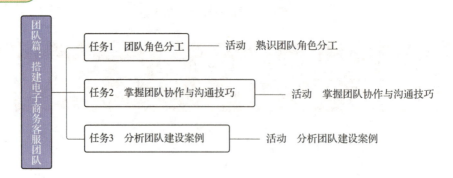

任务 1　团队角色分工

任务导入

接收到工作室新的工作安排后,王秀和李刚既兴奋又紧张,兴奋的是经过这一段时间企业和学校的联合培养,他们的能力和水平得到工作室的认可,可以作为见习主管独立组建电子商务客服团队。紧张的是,他们对团队构建缺乏整体认识,完全不知道要怎样构建团队、怎样管理团队。两人结合这一段时间工作中的观察和体验,先分析了团队构建的思路、存在的困难,然后找到客服主管张主管给他们系统分析团队的架构及角色。作为见习客服主管,他们现在明白了团队建设绝非易事,需要在充分了解工作室现状、业务流程需求的基础上,从搭建框架、明确职责入手,这是建设卓越的客服团队的第一步。

任务分解

如果想建立卓越的客服团队,首先要认识团队架构及角色职能,依据团队建设的原则,按照工作室业务情况来完成客服团队建设。

任务实施

活动　熟识团队角色分工

活动描述

王秀和李刚作为见习客服主管,在张主管和刘老师的带领下,开始搜集团队构建的相关知识,明确团队的基本架构和成员角色。

知识攻坚

一、熟识客服团队架构及团队角色

团队一般由员工和管理人员共同组成,团队成员的组织形式就是团队架构。

电子商务客服团队一般由客服(客服专员)、客服主管、客服经理构建而成,如图 7.1.1 所示。

(一)客服(客服专员)

客服是团队架构中的执行角色,是指为顾客提供咨询、订单处理、售后服务等帮助的工作人员。他们的主要职责是通过在线聊天工具、电话、电子邮件等方式,解决顾客在购物过程中遇到的问题,确保顾客有一个满意和舒适的购物体验。根据

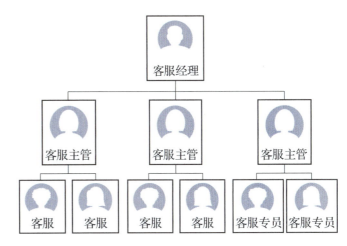

图 7.1.1 客服团队架构

所负责的工作流程不同,客服一般又分为售前及售后客服。

部分大中型企业往往设置客服专员工作岗位,专职服务某一特定群体,解决某一特定类型问题。如专门负责处理客户的投诉和建议的客服专员,他们针对客户反馈的内容,协同相关部门进行处理。相较于普通客服,他们需要具备高超的处理问题的能力、出色的沟通和协调能力。

(二)客服主管

客服主管是客服团队架构中的基层管理角色,他们的职责一般包含对客服进行培训或指导,包括但不限于工作职责、工作流程、工作技巧等。同时还要对客服进行常规管理和绩效考核。此外,客服主管还肩负客户关系管理、数据管理的职责,为经营决策提供数据支撑。

(三)客服经理

客服经理是整个客服团队的管理者,主要职责包括团队搭建与优化、团队管理制度的制定、团队协调管理、客服策略制定、团队目标达成与监督,最终目标是确保服务质量和效率达到业务标准。他们需要与公司的其他部门密切合作,理解公司的业务目标和客户需求。

应该说,不同类型和规模的电子商务企业所设置的客服团队架构、岗位设置及职责会有所不同,但是团队架构设置的共同要求是权责清晰、分工明确。

二、客服团队构建的原则

和构建其他团队一样,要组建一支卓越的客服团队应遵循以下原则。

(一)目标明确合理原则

为了确保团队成员能够全程投入团队中来,必须制定团队目标,让成员清楚地认识到共同

奋斗的目标是什么，达到什么程度以及怎样才能达到。

目标明确合理原则有助于提高工作效率和动力，因为它提供了清晰的方向和可衡量的成果标准。同时，也有助于避免设定过高或过低的目标，从而减少挫败感和资源浪费。

（二）成员能力互补原则

团队组建和协作中，将知识、技能、经验甚至性格等方面可以实现互补的成员进行有机搭配，才有可能发挥出"1+1>2"的协同效应，才能提高团队的整体效能。

（三）组织精简高效原则

为了减少运营成本、最大比例地分享成果，团队成员的数量配置需要在保证业务高效、稳定运作的前提下尽量精简。反映到客服团队组建上，首先要研究客服工作流程，去除非必要环节，尽可能地减少时间和资源的浪费，以实现工作的高效性和经济性。

（四）管理动态开放原则

动态开放的团队则能够持续学习和创新，保持长期的生命力和竞争力。因此，在组建团队时，应注意保持团队的动态性和开放性，使真正完美匹配的人员能被吸纳到团队中来。

（五）适度激励原则

适度激励原则要求激励团队成员要考虑到员工的个人需求和期望，提供与员工贡献相匹配的奖励。适度的激励可以保持他们的动力和投入，提升员工的工作满意度和忠诚度，提高工作效率和团队凝聚力。

技能初探

针对星星之火工作室客服团队进行调研，绘制团队组织架构填入表7.1.1，展示并分析组织架构需要完善的部分。

表 7.1.1　团队组织架构

团队组织架构

项目7　团队篇：搭建电子商务客服团队

任务 2　掌握团队协作与沟通技巧

任务导入

经过前一阶段的工作，王秀和李刚已经明确了团队的架构、角色和职责。作为见习客服主管，他们最近和各相关部门沟通团队建设问题，如和人事主管沟通招聘客服相关事宜；和后勤主管沟通客服到位后的后勤保障问题；和客服主管沟通客服培训事宜，沟通事项多而杂，碰到一些关键问题沟通不畅，马上就会影响整个团队建设工作的推进。作为见习客服主管，王秀和李刚渐渐觉得有点力不从心。另外，他们还在考虑团队建设后，内部协作与沟通的问题。

任务分解

团队建设工作如要顺利推进，就必须要与各相关部门充分沟通和协作，团队建立后，也必然面临沟通协作的问题。首先，他们要先明白团队协作与沟通的重要性，掌握协作沟通的技巧。

任务实施

活动　掌握团队协作与沟通技巧

活动描述

王秀和李刚在校企导师的指导下，首先搜集资料了解团队协作与沟通的内涵、重要性，然后学习团队协作与沟通的技巧。

活动准备

一、团队协作与沟通的内涵

（一）团队协作与沟通的含义

团队中协作与沟通是确保团队目标顺利实现的关键因素，它们对团队目标的实现和团队成员的满意度都有不可替代的作用。

团队协作指的是团队成员之间通过互相配合以达成既定目标的过程。

团队沟通是指在团队成员之间通过交流信息和意见，以达到共享理解、协调行动、解决问题和做出决策的过程。

（二）团队协作与沟通的重要性

对客户而言，有效的协作与沟通能够保证诉求得到及时的响应，获得较高的满意度。

对团队成员而言，良好的协作与沟通能够平衡工作量从而减轻工作压力；有助于知识和经验的分享，提高成员能力水平。

对团队而言，清晰、准确的沟通能够减少误解和错误，提高工作效果；能够增进团队成员之间的了解和信任，增强团队凝聚力。

二、团队协作与沟通的技巧

在团队协作中，协作与沟通技巧有至关重要的作用，它们是确保团队成员的合作和高效运行的关键。因此，应用有效的协作与沟通技巧是必须掌握的重要技能。

（一）沟通技巧

1. 认真倾听

在与团队成员交流时，认真倾听他们的观点，不仅可以建立良好的关系，还可以有效地理解他人的想法，尽可能达成一致，为后续协作完成任务提供基础。同时，在团队讨论中尊重其他成员发言，不要轻易打断或批评他们的意见，减少不必要的争论。

> **案例场景**
>
> 背景：小王是小吴所管理的客服团队的成员，今天因误会被客户骂了一顿，她感觉非常委屈，找到小吴哭诉。
>
> 小王：我太冤了，我都没有做错什么，就被客户一通乱骂……
>
> 小吴：我也是啊，甚至比你还惨，我今天中午……
>
> 分析：这场团队成员的对话里，作为团队管理者，小吴不仅没有察觉到小王的崩溃状态，还未及时予以安慰，甚至直接把话题扯到自己身上。一方面让人感觉她冷漠、自私；另一方面，也不利于团队成员情绪梳理，进而影响团队工作状态。

2. 清晰明了地表达

清晰明了地表达自己的观点和想法也是沟通技巧的关键。在表达时，应尽可能简洁明了，不使用过于复杂的词汇和术语。并且，还要注意言谈举止，不要出现愤怒或不礼貌的言辞。

3. 学会妥协和解决冲突

在团队协作中，难免会出现意见分歧或者冲突。学会妥协和解决冲突也是非常重要的沟通技巧之一。与其他成员沟通时，要以尊重和理解为基础，尽可能寻求妥协和解决方案。如果有问题不能得到解决，在面对困难时也不要失去冷静和耐心。

案例场景

背景： 2024年1月，吴悠在A客服团队担任普通客服。后于2月份调动到B团队担任客服专员，专职处理复杂售后问题。2月中旬，吴悠听说1月份的最佳团队是A团队，于是就找到客服主管要求分配最佳团队奖金。

分析： 团队成员理应共同分享所获利益，从这个角度来讲吴悠的要求合情合理。但是现在最佳团队奖金已经发放到A团队成员手中，现在要求退回并重新分配有一定困难。客服主管一方面就奖金分配失误向大家说明并致歉；另一方面将公司奖金分配制度向大家解释清楚；另外，从团队的角度引导大家照顾每一位成员的利益，主动退回奖金并重新分配。经过一番工作，大家均认可新的分配方式，这一事件得到圆满解决。

（二）团队协作技巧

1. 利益共享

利益共享是指团队成员共同分享所获得利益，包括时间、金钱、资源等具体的利益。

案例： 某电子商务企业，拥有店铺数十家。企业经过改革，采用店长责任制，每位店长负责1~2个店铺；同时，美工、客服人员组成团队支持所有店铺的运营。公司通过这种方式，共享美工和客服团队，有效降低了运营成本，显著提升了效益，员工薪酬待遇也有显著提升。

2. 团建拓展活动

在快节奏、大压力的工作中，通过组建团队活动可以增强团队凝聚力、提升员工幸福感。特别是对年轻员工来说，他们更倾向于参与有趣、富有创意的团建活动。

3. 分配任务

分配任务是非常重要的协作技巧。团队管理人员应该根据成员的能力和优势来分配合适的任务，也要充分考虑每个成员的意见和需求，并且让每个人感到参与和受到重视。

案例： 某电子商务公司客服团队刚成立1个月。目前团队成员5人，组长1人，白班2人，晚班2人。客服组长小张通过分析具体的客服数据，发现存在售后服务评价低、员工响应效率低的问题。小张经过分析，制定了以下措施：首先是制定客服绩效关键指标和激励措施，每天查阅客服数据，将响应速度作为关键指标予以考核并做奖惩。其次是沟通挑选能力强的团队成员专职负责售后客服工作。最后，通过每天的分享会提升客服接待能力。

客服组长小张通过客服数据分析查找出现问题的原因，制定关键指标和激励措施，又结合团队成员特点进行重新分工，有效解决售后服务评价低、员工响应效率低的问题。

4. 团队合作

团队合作是让团队高效运作的关键之一。每个成员都应该协同合作，有效地利用各自的技能和知识，共同推动项目或任务的进展。如果在合作过程中出现困难，应该及时沟通解决。同时，也要注意团队合作氛围的营造，让每个成员感到自己是团队的一分子。

5. 高效沟通

在团队协作中，高效沟通也是非常重要的协作技巧之一。沟通可以帮助成员了解团队的进展和成果，及时解决问题，并及时调整工作计划，也可以加强团队之间的信任和合作。

案例：小李是一个害羞但是很有见解的客服，平时利用文字与客户沟通没有问题。但是在开会讨论问题时，她总是怕自己的意见跟其他成员的意见不一样，怕自己说错会丢脸。

客服主管大山非常开明，每当有人遇到"难缠"的客户，他都会鼓励包括小李在内的团队成员分享自己的处理方法，然后再把这些方法、思路整合汇总以供大家学习、提升。持续下来，小李逐渐得到大家的认可，自信心越来越强，团队气氛越来越融洽，工作成效越来越突出。因为每个团队成员都知道，遇到困难只要及时沟通，就会找到更好的解决办法。

6. 责任意识

责任心对团队的发展和成就至关重要。一个拥有强烈责任心的团队能够更好地应对挑战、克服困难，实现团队目标。

案例：客户购买外套一件，到货后申请退货，理由是店家错将其要买的黑色外套错发为白色。客服小张查阅了聊天记录，比对订单后发现，是因为客户自己没看清楚下单了白色外套。

虽然事情最终得到解决，但是如果当时客服能够负责任地提醒客户或者让客户确认订单信息，就不会出现下错单的情况，客户的体验也会不同。

直通职场

6位同学一组充分讨论，针对以下沟通场景，如果你是客服经理，可以怎么解决？请给出你们的解决方案，并填写到表7.2.1中。

表7.2.1　沟通场景及解决方案

沟通场景
大李是公司骨干客服，为人比较随和，工作能力也比较突出。作为客服经理，你打算提升大李做客服主管。但近一段时间，不知道为什么，同一部门的小刘总是和他过不去，有时候还故意在别人面前指桑骂槐，对他安排的工作也不像以前那样配合。 　起初，大李觉得大家都是同事，没什么大不了的，对小刘的不配合，也处处忍让。但是，看到小刘如此嚣张，部分客服人员也慢慢对工作敷衍了事，整个团队的风气也越来越差。
解决方案

任务3　分析团队建设案例

任务导入

虽然王秀和李刚已经明确了团队建设的相关知识,但是在实施中仍面临一些具体问题。如管理制度如何建设?团队文化如何组建?激励制度建设是否适合?王秀和李刚拿着相关制度文本和构想,找到了张主管。张主管建议他们先去搜索一些团队建设的案例,分析团队建设的经验和教训,以供参考。

任务分解

王秀和李刚首先利用网络搜寻了一些团队建设的典型案例及相关制度文件,然后在刘老师的带领下分析案例中的经验和教训。经过充分讨论并请张主管指导,最终形成自己的团队建设思路及相关制度文件。

任务实施

活动　分析团队建设案例

活动描述

王秀和李刚在校企导师的引导下,首先搜集资料了解团队建设的相关案例,通过阅读案例,他们发现团队建设主要包含目标确定、架构建立、人员选拔、沟通与激励、优化与改进等关键步骤。

知识攻坚

在竞争日益激烈的商业环境中,高品质客户服务已成为企业获取竞争优势的关键因素。一个卓越的电子商务客服团队不仅可以提升客户体验和满意度,还能增加客户黏性和忠诚度,进而实现企业的经营目标。但是,要建立一个高效的客服团队绝非易事。

一、明确团队的目标和任务

客服团队管理人员应该与成员共同制定明确的目标和任务,并确保得到每个成员的理解和认同。具体操作时,首先客服团队的目标应该支持组织提供卓越客户服务的愿景。其次,将愿景和使命转化为具体、可衡量的目标。再次,为团队设定短期和长期目标。最后,通过会议、培训和讨论来确保每个成员都理解自己的任务和责任。

明确的客服团队目标及任务，应该根据公司的业务特点、客户需求和公司战略来制定。某公司客服团队目标及任务如表7.3.1所示。

表7.3.1　某公司客服团队目标及任务

序号	关键指标	目标	任务
1	客户满意度	实现客户满意度达到90%以上	定期进行客户满意度调查，收集客户反馈，针对问题进行改进
2	客户投诉率	降低客户投诉率至1%以下	分析客户投诉原因，优化服务流程，提高问题解决效率
3	服务效率	实现平均响应时间在30秒以内	优化客服团队排班，提高客服人员业务能力，引入智能客服系统
4	客户忠诚度	实现客户复购率提升至60%	开展客户关怀活动，提供个性化服务，推荐相关产品
5	团队综合素质	实现客服人员业务考核合格率达到100%	定期进行业务培训，开展内部知识竞赛，提高团队综合素质
6	服务成本	降低客服成本至总收入的2%以下	提高自助服务占比，优化客服团队结构，提高工作效率

二、确立团队的架构和成员

卓越的客服团队离不开合理的架构和优秀的成员。关于团队的构建，可以参照任务1中相关内容。至于团队成员，需要通过招募和选拔适合的人才来吸纳到团队里来。具体操作上，首先，需要组建客服团队核心层，包括客服经理、客服主管或客服骨干。其次，客服经理和主管要明确相关岗位所需的技能和素质，明确岗位人数。再次，可以通过组织面试和考核来评估候选人。最后，通过培训和发展计划来不断提升团队成员的能力和素质。

网店客服团队的人员数量往往根据店铺流量进行安排。正常情况下每个客服日咨询量约250人次，类目较多可考虑增加客服人员。

三、建立有效的沟通机制

建立有效的沟通机制可以保证信息的畅通和团队成员之间的良好协作。为了实现这一点，团队管理人员应该倡导开放、透明和及时的沟通，具体的沟通方式可以是定期会议、私下交流、现场反馈等。此外，还应该鼓励团队成员之间的互相交流和合作，以便更好地解决问题和分享经验。

在客服团队中，有效的沟通机制对确保客户问题得到及时、准确的解决至关重要。适用客服团队的沟通机制如表7.3.2所示。

表 7.3.2 适用客服团队的沟通机制

序号	沟通形式	沟通内涵
1	每日晨会	每天工作开始前,召开简短的晨会,回顾前一天的工作,分享成功案例和遇到的问题,以及当天的计划和目标。这有助于团队成员之间的信息同步和团队精神的建立
2	实时沟通工具	使用即时通信工具建立工作群组,用于日常沟通和紧急情况下的快速响应。这样可以减少邮件往来,提高沟通效率
3	定期团队会议	定期举行团队会议,讨论客户反馈、服务流程改进、团队成员培训等议题。这些会议可以是每周或每月进行,以确保团队的目标和策略与公司的整体方向保持一致
4	知识共享平台	建立一个知识管理系统或共享平台,如 Confluence 或 SharePoint,用于存储常见问题解答、操作指南、案例研究等,方便客服人员快速查找信息和分享知识
5	客户关系管理(CRM)系统	使用 CRM 系统来记录和管理客户信息、服务请求、投诉处理等,确保所有团队成员都能够访问到最新的客户互动记录,提供连贯一致的服务
6	反馈和评价机制	设立一个反馈和评价机制,鼓励团队成员提供改进建议,并对客服流程、工具和策略进行定期的评估和优化
7	跨部门协作	与其他部门(如产品、技术、市场等)建立良好的沟通渠道,确保客服团队在处理客户问题时能够获得必要的支持和资源
8	紧急响应流程	制定明确的紧急响应流程,包括紧急情况下的联系人、升级路径和决策流程,确保在关键时刻能够迅速有效地处理问题
9	透明度报告	定期制作和分享透明度报告,包括客户满意度、服务响应时间、问题解决率等关键指标,让团队成员了解团队的整体表现和改进方向

四、构建员工发展、提升的平台

团队管理人员要重视成员发展,帮助员工明确职业目标与发展路径,激发团队持续发展的动力。通过持续的培训来培养成员的知识、技能水平,提升其发现问题、解决问题的能力。

五、建立有效的绩效评估和激励机制

建立有效的绩效评估和激励机制可以激励团队成员持续提高工作质量和效率。

电子商务公司往往都会实施绩效评估和激励机制。此外,公司还提供定期的培训和个人发展计划,以支持员工的职业成长。

六、不断优化和改进流程

高效客服团队的建立需要不断优化和改进工作流程。一般可以通过定期的工作回顾和客户反馈来识别问题并抓住改进机会。当然,团队成员的积极参与也很重要。

七、建立积极的企业文化和团队氛围

实践中,团队管理人员可以通过传递正能量、激励和赞美来塑造积极的企业文化。此外,还可以通过组织团建活动来建立和推广团队文化,增强成员的归属感和责任感,提高凝聚力和效率。

案例分析

大型电子商务平台的客服团队搭建

某大型电子商务平台,拥有数百万注册用户,销售商品种类繁多,日均订单量大,且用户咨询和售后问题较多。平均每日咨询量为5 000~10 000次,售后处理量为3 000~5 000件,客服热线电话接听量为1 000~1 500次。

请6人一组讨论分析后为该企业搭建客服团队,并将讨论结果展示给大家(表7.3.3)。

表7.3.3 客服团队搭建信息表

序号	岗位设置	岗位人数	岗位职责	备注

项目提升

实训名称: 优化星星之火工作室电子商务客服团队组织架构。

实训背景: 激烈的市场竞争中,卓越客服团队已经成为企业获取竞争优势的重要手段。客服主管结合星星之火工作室业务增长现状,为提高工作效率、提升工作成效,计划对电子商务客服团队架构进行优化。

实训目的: 把握团队建设步骤,提高团队建设能力。

实训过程:

1. 结合业务流程,调研现有团队的基本情况,分析存在的问题及原因。

2. 优化团队结构。

(1)调研团队存在的问题及对应原因。

(2)优化团队结构,调整团队成员。

项目7 团队篇：搭建电子商务客服团队

📖 项目小结

通过本项目的学习，同学们掌握了客服团队的基本架构和团队角色，能够进行电子商务企业客服团队搭建。在学习活动过程中，培养了同学们的团队协作与沟通能力，引导学生不断提升团队沟通与协作意识，为未来走上工作岗位快速融入团队、提升协作效果打下坚实基础。

📖 项目反馈

请团队代表展示团队工作成果，并对分工协作、工作过程、工作氛围、工作成果进行评价，并填入表7.3.4。

表7.3.4 学习评价反馈

小组名称			小组成员				
项目	评价项目	评价内容	评价维度				
			自我评价/25%	队员评分/25%	组间评分/25%	教师评价/25%	总分/100%
搭建电子商务客服团队	知识学习	1. 能准确说出团队架构及业务流程。（10分） 2. 能明确说出不同岗位工作职责及能力需求。（10分） 3. 能指出团队目前存在的问题。（10分）					
	技能训练	1. 能绘制团队组织结构图。（10分） 2. 能计算客服团队人员需求量。（10分） 3. 针对存在的问题，分析原因，给出解决方案。（20分）					
	素养提升	1. 按时上下课，并按照要求完成课前作业、预习、课后作业。（10分） 2. 学习态度端正，积极参与课堂活动，遵守学习和实训场室管理规定。（10分） 3. 学习实践中，提升团队合作、协作沟通和集体荣誉感。（10分）					
	学习收获						
	完善提高						

项目 8

未来篇：电子商务客服行业发展与数智化客服

项目情境

数智优化客服，科技赋能电商

围绕科技创新，习近平总书记在党的二十大报告中提出"四个加快"："加快建设教育强国、科技强国……加快实施创新驱动发展战略，加快实现高水平科技自立自强……加快实施一批具有战略性、全局性、前瞻性的国家重大科技项目，增强自主创新能力。"互联网技术的飞速发展，尤其是移动互联网、大数据、云计算等技术的应用，为电子商务发展提供了坚实的基础设施。通过引入人工智能技术、大数据技术等，电子商务平台可以不断优化客户服务，提升用户体验，实现电子商务客服行业的创新，推动整个电子商务行业的数智化发展。

王秀、李刚与星星之火工作室另1名工作人员组建了名为"阳光·微笑"的合作团队。工作室近期组织合作团队参加地方电子商务协会主办的电子商务科技创新发展论坛，企业导师将带领他们一同了解电子商务客服的发展前景和客服创新的核心理念，并在之后的客服实践中通过使用AI客服工具和辅助工具等实现智能客服的优化。

学习目标

知识目标：

1. 熟知电子商务客服行业发展现状和趋势
2. 熟知客服创新理念
3. 熟知常见的AI智能客服工具
4. 熟知电子商务客服岗位及其能力要求

能力目标：

1. 学会运用客服创新理念进行案例分析
2. 学会智能客服配置技巧

项目8 未来篇：电子商务客服行业发展与数智化客服

3. 学会使用智能客服辅助工具
4. 学会制订提升职业能力的学习计划

素质目标：
1. 培养创新意识与学习能力
2. 提升优化智能客服的能力
3. 提升个人职业规划意识与能力

▶ 思维导图

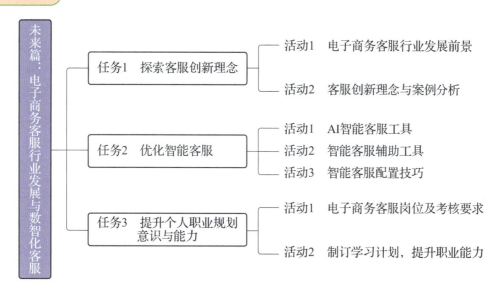

任务1　探索客服创新理念

任务导入

近期，地方电子商务协会主办的电子商务科技创新发展论坛正在举行，星星之火工作室组织学习团队成员王秀、李刚参加该论坛，学习客服创新的核心理念，了解电子商务客服行业发展趋势。同时，在企业导师的引导下，团队成员分析客服创新案例。

任务分解

团队成员先了解电子商务客服行业发展现状、趋势，学习客服创新的核心理念，再深入分析成功的客服创新案例，为进一步学习 AI 客服做好知识铺垫。

任务实施

活动1　电子商务客服行业发展前景

活动描述

活动现场，团队成员王秀和李刚汲取了科技创新技术促进电子商务发展的先进理念，同时，在星星之火工作室企业导师的讲解下，将从电子商务客服发展现状中了解传统电子商务客服行业的痛点，进而展望电子商务客服的发展前景。

活动准备

一、电子商务客服发展现状概述

电子商务客服工作形式主要包括在线客服、电话客服、邮件客服、社交媒体客服等。目前，在线客服是电子商务客服工作中最常见的形式之一。在线客服主要通过电子商务平台（网页版或APP）的在线聊天窗口或网上商务沟通软件（如阿里旺旺、千牛等）与客户进行沟通，及时解答客户的问题，提升客户的购物体验感，通过聊天记录进行数据分析，了解客户的需求和购物习惯。

目前，电子商务购物节的频次加快，加剧了电子商务企业对客服的需求，各大商家面临传统电子商务客服工作中的以下痛点。

（一）数据整合难度大

电子商务客服需要整合多个系统的数据，例如订单系统、客户管理系统等，但由于这些系统的数据流不统一，整合难度大，导致服务营销效率低。

（二）工作重复性高

客户重复性问题，诸如产品咨询、退换货服务等，不仅占用客服时间，而且容易使客服人员感到疲惫和厌倦，影响服务质量，同时，枯燥的传统客服工作也导致客服人员流失率高，加大企业客服中心运营管理难度。

（三）监管难度大

电子商务客服需要与多个商家和平台进行合作，各个商家的政策、要求不同，企业难以监管客服人员的服务质量和效率。

（四）客户需求变化快

电子商务市场竞争激烈，客户需求变化快，个性化需求增多，传统客服需要花费大量时间和精力去了解客户的需求和反馈，难以快速响应市场的变化。

（五）运营成本高

客户量的增大，使企业加大投入建设客服中心，企业的用人成本也随之攀升，企业既要提

项目 8 未来篇：电子商务客服行业发展与数智化客服

升客服满意度，也要控制企业成本，因而对客服降本增效的需求日益强烈。

（六）沟通效率低

电子商务客服人员需要与大量的客户进行实时沟通，但由于客户咨询的时间难以固定，客服人员的服务时间无法覆盖全天候各时段，导致沟通效率低下。

二、电子商务客服的发展趋势

（一）智能化服务

借助人工智能、大数据等技术，电子商务客服将更加智能化。例如，基于人工智能技术的客服机器人能够通过自然语言处理技术，自动解答常见问题，自动化处理大量的客户咨询，提高处理效率；大数据技术的应用能够对客户数据进行深入分析，使客服人员提前预测客户需求，提供更精准的服务。

（二）个性化服务

随着消费升级和客户权益意识的提高，电子商务人工客服将更加注重个性化服务的提供，提高客户服务的效率和质量。例如，根据顾客的购买历史、浏览记录等，提供定制化的产品推荐和售后服务；电子商务客服通过数据分析和挖掘来了解客户的需求和偏好，为客户提供定制化的产品推荐、售后服务和优惠策略等。

（三）多渠道服务

随着社交媒体、即时通信工具等的普及，电子商务客服将更加注重多渠道服务，满足顾客在不同场景下的需求。例如：直播平台的直播客服负责直播间售前、售中、售后的各项工作（发货、解答、售后等），在粉丝群解答客户问题等；电子商务客服还可以通过社交媒体、短视频等新兴渠道，与客户进行更多的互动和沟通，增加客户黏性和忠诚度。

（四）专业化分工

随着电子商务行业的不断发展，电子商务客服的职责将更加细化。企业中出现专门负责某一产品线、某一服务环节的专职客服，或者行业中衍生专门负责电子商务客户服务的企业，以降低企业成本，提高服务质量和效率。例如：电子商务客服外包是第三方服务公司培养专业客服的业务。随着电子商务的发展，专业客服需求增加，外包可降低运营成本，提高销售业绩，解决现状存在的市场不成熟、利润低、服务质量参差不齐等问题。

（五）远程协作与云服务

随着互联网技术的发展，电子商务客服团队将更容易实现远程协作。云服务使客服人员可以在任何地点、任何时间接入工作系统，提供更加灵活、高效的服务。例如：智能客服系统可以通过云服务提供的即时通信工具，实现团队成员之间随时交流和讨论工作问题，共享经验和解决方案。这样，即使团队成员分布在不同的地理位置，也能够实现高效的远程协作，提高工作效率。

（六）客服人员的培训和职业规划

由于电子商务客服工作的特殊性，如人员流动性大、工作枯燥、缺乏职业安全感等，电子商务人工客服行业将更加注重客服人员的培训和职业规划。通过提供专业的培训和发展机会，提高客服人员的专业技能和职业安全感，从而更好地满足客户的需求。

电子商务行业已经成为一个不可忽视的商业领域，未来电子商务行业将继续保持高速发展。跨境电子商务、社交电子商务、智能化技术和绿色电子商务将成为电子商务行业的未来趋势。

小试牛刀

分组讨论，6位同学一组合作探究，归纳客服发展趋势对应解决传统电子商务客服工作的哪些痛点？完成电子商务客服发展趋势（表8.1.1）的填写。

表 8.1.1 电子商务客服发展趋势

序号	传统电子商务客服工作的痛点	电子商务客服发展趋势
1		
2		
3		
……		

活动2 客服创新理念与案例分析

活动描述

活动现场，团队成员王秀和李刚汲取了客服创新的核心理念，如客户至上、服务创新、数智化发展等，同时，在星星之火工作室企业导师的引导下，师生共同分析成功的客服创新案例，如智能客服外包、客服远程协作等，深入了解创新实践的具体应用和效果。

活动准备

一、客服创新的核心理念

客户服务就是企业形象的代表，客服部门作为企业与客户之间的主要联系人，其工作方式和效率直接影响客户满意度和企业的声誉。因此，客服部门需要秉承客服创新的核心理念。

（一）客户至上

客户至上服务第一理念宗旨是"客户永远是第一位"，从客户的实际需求出发，为客户提供真正有价值的服务。

（二）服务创新

电子商务客服可以通过提供电话、电子邮件、社交媒体等多渠道服务提高客户忠诚度，中小规模企业可通过电子商务客服外包，变通客服模式，提升客户服务质量。例如电子商务企业通过支付少量服务费将电子商务客服外包。

（三）数智化发展

电子商务数智化转型中，数字化是关键，智能化是工具，随着科技的发展，客服部门可以利用各种先进的技术工具，如人工智能、大数据等，来提升服务质量。例如，通过人工智能技术实现 AI 智能客服，提供 24 小时不间断的服务，使客户各种各样的体验达到极致。

在未来激烈的市场竞争中，客服部门应始终保持创新思维，根据自身的实际情况创新服务和形式，不断完善服务体系、服务标准，以提升客户满意度，增强企业的竞争力。

技能初探

真实的客户服务中，如何理解表 8.1.2 中客户的需求变化？假设工作室正在运营一家汉服网店，请根据客户的需求提供针对性的服务。

表 8.1.2　汉服网店服务

序号	客户需求	针对性服务
1	实时响应需求增加	
2	个性化服务需求凸显	
3	多渠道服务整合需求	

二、客服创新案例分析

（一）汉聪客服外包

汉聪电商隶属于四川汉聪科技有限公司，成立于 2019 年，服务范围涵盖电子商务代运营、直播运营、客服外包（图 8.1.1）等。汉聪电商秉持诚信为本、用户至上的经营理念，为天猫、淘宝、京东、抖小店、拼多多、快手等电子商务提供网店售前客服、电商网店售后客服等定制化服务。

图 8.1.1　汉聪客服外包页面

案例分析拓展一：电子商务客服外包发展现状

电子商务客服外包是从电子商务服务市场细分出来的一项外包服务。客服外包行业属新兴行业，兴起时间短，可借鉴的经验少，市场相对不成熟，没有形成行业规范。目前存在以下几点弊端。

（1）质量难以保证。外包公司资质参差不齐，外包客服的素质和技能存在差异，有的外包客服甚至对产品或服务不了解就上岗，因此沟通效率、服务质量和标准难以保证。

（2）数据安全风险。客服外包公司容易获取电子商务企业的客户数据。客服数据涉及商业机密和客户隐私，如果发生泄漏或不当处理，可能会引发严重后果。

（3）难以建立长期合作关系。客服外包市场入驻的门槛较低，行业内竞争激烈。基于外包市场的竞争性和不确定性，难以与外包公司建立长期稳定的合作关系。

案例分析拓展二：电子商务客服外包的优势

电子商务客服外包服务通过多项优势，为电子商务企业带来了显著的价值。首先，它有效降低了企业的运营成本，包括人员招聘、培训和管理等费用。其次，它能够确保客服团队全天候在线，满足客户的即时需求。汉聪客服外包可有效解决客服人员不稳定、客户服务质量较低、话术欠缺等问题（图8.1.2）。再者，通过专业化的管理和培训，外包服务显著提高了客服团队的工作效率，使问题得到更快速、更准确地解决。此外，外包服务商具备丰富的行业经验和专业技能，通常设定完善的人才管理和激励机制。汉聪客服外包服务考核体系如图8.1.3所示。电子商务企业如果对当前客服人员不满意，外包公司可以立即安排其他优质客服来替代，确保提供更优质、更专业的客户服务。同时，这种服务模式有助于优化企业的资源配置，使企业能够更专注于核心业务的发展。最后，外包服务模式灵活多变，能够根据企业的实际需求快速调整，增强企业的技术实力和市场竞争力。

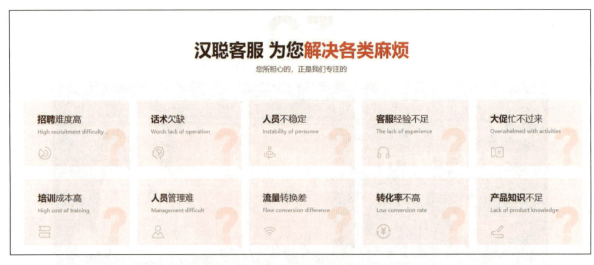

图 8.1.2　电子商务企业客服存在问题

项目 8　未来篇：电子商务客服行业发展与数智化客服

图 8.1.3　汉聪客服外包服务考核体系

案例分析拓展三：电子商务客服外包趋势

未来，客户服务质量将成为竞争的核心要素，技术创新将推动行业的发展，电子商务企业和外包企业需要加强合作与沟通，提高服务质量和效率，共同推动电子商务客服外包行业朝以下几个趋势发展。

（1）人工智能技术的应用。智能客服系统可以自动回复客户的问题，提供个性化的服务方案，并能够根据客户需求进行智能推荐和定制化服务。

（2）个性化服务。随着个性化服务需求的增加，针对不同需求，提供特定类型的咨询服务、售后支持等。这种趋势将推动电子商务客服外包行业的发展，使其更加注重客户体验和服务质量。

（3）跨界合作与共赢。一些电子商务平台与线下实体店合作，通过数据共享和资源整合，提供更加全面的客户服务。这种跨界合作模式会为电子商务客服外包行业带来新的发展机遇和挑战。

（4）服务质量的持续提升。为了持续吸引和留住客户，外包公司将提供更专业的客服支持、更高效的服务流程和更优质的服务态度。

（二）"买它网络"客服远程协作

中山市买它网络科技有限公司（以下简称"买它网络"）是一家快速发展的互联网公司，随着业务的不断拓展，公司团队成员逐渐增多，并且分布在不同的城市和地区。为了更好地保持团队间的沟通与合作，提高工作效率，买它网络利用微信这一广泛使用的社交工具，建立工作群组，实现团队成员之间的即时交流和讨论。

案例分析拓展一：客服微信群组建立步骤

（1）确定群组目标。买它网络首先明确了群组的主要目标，即作为团队成员间讨论工作问题、共享经验和解决方案的平台。

（2）命名与邀请。为群组起了一个简洁明了的名称，如"买它网络客服工作群"。然后，通过微信邀请所有团队成员加入该群组。

（3）设置群组规则。为了确保群组内的交流有序、高效，买它网络制定了一些基本的群组规则，如禁止发布与工作无关的信息、尊重他人意见等，并在群组公告中明确告知所有成员。

案例分析拓展二：微信群实现资源共享和远程协作

（1）即时通信。团队成员可以随时在群组内发送文字、图片、文件等，与其他成员进行即时交流。这种即时的沟通方式使问题可以快速得到回应和解决，如图8.1.4所示。

图 8.1.4　买它网络客服远程协作

（2）任务分配与跟进。团队领导可以在群组内发布任务、分配工作，并实时跟进任务的完成情况。成员们也可以随时报告自己的工作进度和遇到的问题，确保项目能够按时完成。

（3）共享资料。团队成员可以在群组内共享重要的工作资料、设计稿、报告等文件，方便其他成员查看和参考。这大大减少了物理传输的时间和成本。

（4）专题讨论。针对特定的工作问题，团队成员可以在群组内展开专题讨论。这种集思广益的方式有助于激发团队成员的创造力和想象力，快速找到解决问题的方案，提高工作效率。

（5）非正式交流。除了工作讨论外，群组成员还可以在群组内分享生活点滴、交流兴趣爱好等。这种非正式的交流有助于增进彼此的了解和信任，增强团队的凝聚力。

行业观察

客服创新的核心理念包括客户至上、服务创新、数智化发展等，同学们查找成功的客服创新案例并进行分析。

项目 8　未来篇：电子商务客服行业发展与数智化客服

任务 2　优化智能客服

任务导入

"阳光·微笑"客服团队在日常处理客服问题过程中感受到传统客服的不足，受到电子商务科技创新发展论坛上客服创新理念的影响，星星之火工作室最近尝试启用智能机器人辅助客服工作，再借助智能客服辅助工具，实现客服智能化，提高沟通效率和服务质量。

王秀、李刚被刘老师选进电子商务运营技能竞赛训练营，该训练营将通过培训和考核的方式选拔优秀的选手参加省赛。王秀、李刚把实习过程中学到的智能客服配置技巧也运用到技能竞赛中的客服模块训练，实现岗赛融通。

任务分解

"阳光·微笑"客服团队在使用智能机器人辅助客服工作过程中体验到智能客服的优势，同时了解其他常见的 AI 智能客服工具，进而学习如何使用文生文工具优化智能客服。返校后，王秀、李刚把实习过程中学到的智能客服配置技巧运用到技能竞赛中的客服模块训练。

任务实施

活动1　AI智能客服工具

活动描述

"阳光·微笑"客服团队在使用智能机器人辅助客服工作过程中，体验到智能客服的优势，同时通过查询信息和企业导师的介绍，了解其他常见的 AI 智能客服工具，拓宽自己对智能客服工具的认知。

活动准备

一、智能客服概述

智能客服，狭义上也称 AI 客服，是指利用人工智能技术，为客户提供交互式服务的智能客服系统。该系统通过自然语言处理技术、语音识别技术、机器学习技术等，理解客户需求、回答客户问题、提供解决方案等,如七鱼智能客服。广义上,随着各类技术深入应用,智能客服的外延被进一步拓宽,不仅指企业提供的客户服务,还包括客服系统管理及优化。

二、常见的 AI 智能客服工具

智能客服工具帮助企业实现全渠道客户服务,精细化客户关系管理,优化客户体验,让服务和营销变得更主动、更智能。常见的 AI 智能客服工具如表 8.2.1 所示。

表 8.2.1 常见的 AI 智能客服工具

AI 智能客服工具	功　能	举　例
智能机器人	针对售前售后全流程,可自动识别和回答客户的问题、提供个性化智能服务,辅助人工客服	网易七鱼、美洽、智齿科技、美言 AI
视频客服	提供实时音视频通话、视频标签打点、屏幕共享、智能引导、远程协助、拍照等丰富的视频服务功能,打造智慧、便捷、互动式的视频客服管理体系	沃丰科技、AnyChat
坐席助手	通过自然语言处理、机器学习和大数据分析等技术,能够快速准确地理解客户的问题,并提供相应的解决方案。为客服坐席提供智能化的支持和辅助	容犀 Copilot、沃丰科技、网易七鱼
云呼叫中心	提供集电话、图文会话、音视频通话功能为一体的融合通信服务,随时响应电话热线咨询	网易七鱼、腾讯
CRM 系统	提供客户关系管理、销售自动化、市场营销、客户服务、数据分析等全面解决方案	Salesforce、用友、金蝶云 CRM

(一)智能机器人

1. 智能机器人概述

智能机器人可以通过自然语言处理技术自动响应客户查询、提供信息、根据客户的提问进行自动回复、引导购买路径等,并通过机器学习和大数据分析来提高自动回复的准确率和效率,如图 8.2.1 所示。同时,智能机器人还可以通过语音识别和语音合成技术实现语音交互,让客户可以通过语音和电子商务人工客服进行沟通,提高客户体验。

在电子商务领域,智能机器人已成为提高响应速度、减轻人工客服负担、24 小时不间断服务的关键工具。其重要性在于能即时响应大量简单重复的问题,提升顾客体验;人工客服便能专注解决客户的个性化问题,从而提高整体服务质量和转化率。常用电子商务平台客服机器人功能概

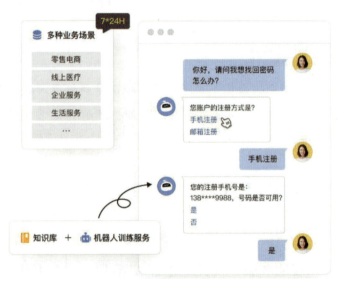

图 8.2.1 智能机器人

览如表 8.2.2 所示。

表 8.2.2 常用电子商务平台客服机器人功能概览

电子商务平台	客服机器人功能
淘宝/天猫	阿里云智能客服"小蜜"支持自动接待、商品咨询、订单查询等功能，商家可通过千牛工作台自定义设置
京东	京麦智能客服机器人提供自动应答、智能推荐、个性化服务等，商家可利用京东智联云进行配置
拼多多	拼多多客服机器人侧重于订单查询、物流跟踪等基础服务，支持在商家后台进行简单的规则设定
抖音	作为新兴电子商务平台，抖音小店的客服机器人集成在抖音商家后台，侧重于商品咨询、售后处理，利用算法优化用户体验

2. 智能机器人对话框设置

（1）创建流程。

首先，在对应平台的商家后台找到客服管理或智能客服设置入口，按照指引添加机器人。然后，构建知识库，录入常见问题及其答案；接着设计欢迎语、离线自动回复等基础设置。

（2）高级设置。

利用平台工具设置多轮对话逻辑，例如针对"退换货"流程，设计一系列引导式问题逐步获取用户信息并提供解决方案。此外，利用情绪识别技术调整回复语气，提升用户情感体验。

（3）性能监测。

通过平台提供的数据分析工具，定期检查机器人响应时间、解决率、用户满意度等指标，据此调整优化策略。

3. 智能机器人对话脚本编写技巧

（1）语言风格。保持语言简洁明了，融入品牌个性，如年轻化、幽默风趣等，增强互动趣味性。

（2）情景模拟。例如，对"尺码咨询"，不仅提供尺码表，还可以加入身材特征与尺码匹配建议，提升购买决策效率。

（3）灵活转接。在脚本中预设转人工的触发条件，如多次无法解决同一问题时，自动提示用户联系人工客服。

4. 智能机器人优化

（1）无缝衔接。确保机器人无法解答时，能快速且无感地转接到人工客服，减少用户等待时间。

（2）紧急情况。设置紧急情况下的快速响应机制，如投诉处理，确保人工客服能立即介入。

（3）持续优化。建立反馈循环，定期收集用户反馈和客服团队意见，不断更新知识库，优化对话逻辑。

（二）视频客服

视频客服是以网页或视频设备为载体，运用最新网络技术为客户提供与电子商务客服进行视频沟通的即时通信功能。

1. 视频客服的功能

视频客服是网页在线客服的升级版，其主要功能有：视频展示，语音和视频的畅通交流，实时与网站访客在线沟通等，可运用在培训网站、视频购物或导购、网站监视等场景。

如网易云商的七鱼视频客服，是基于领先的音视频技术与多场景服务（图 8.2.2），可消除企业与客户之间在服务和转化过程中的"看不见、说不清、等不及"，产品主要功能有以下几点。

图 8.2.2　七鱼视频客服应用场景

（1）多渠道视频通话流畅接待。

适用手机端浏览器、PC 浏览器、微信 H5、微信小程序、手机 APP SDK 等多接入渠道。客户可在多个渠道找到视频服务入口并发起/接收视频通话；可双向邀请、预约、接听，支持灵活转接；视频同时也能发送文本、图片、文件等消息，沟通顺畅；能快速了解客户，自动识别客户，客户接通前自动调出客户信息，随时随地为客户记录联系小记，如图 8.2.3 所示。

（2）稳定高清的视频通话。

网易自研音视频技术，1 080 P 超高清画质、超低延时、智能降噪，即便弱网环境也能保障沟通体验；支持美颜、虚拟背景、多人视频，满足业务场景需要，如图 8.2.4 所示。

图 8.2.3　七鱼视频客服 自动调出客户信息　　图 8.2.4　七鱼视频客服 支持美颜

（3）视频服务高效管理。

视频记录可存档、回放、下载，如图 8.2.5 所示；管理者能掌握实时服务动态，提供可视化服务报表，助力分析服务质量。

项目 8　未来篇：电子商务客服行业发展与数智化客服

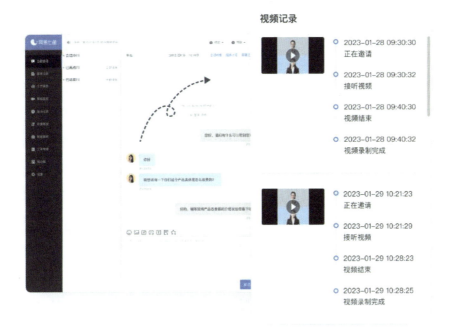

图 8.2.5　七鱼视频客服 视频记录存档

（4）视频服务安全合规。

可对通话过程中音视频进行实时检测，保障安全合规；支持默认摄像头和麦克风关闭和自定义隐私条款，保护客户的隐私安全，如图 8.2.6 所示。

图 8.2.6　七鱼视频客服 保护客户隐私

2. 视频客服的价值

（1）降低客服成本。

企业将视频客服设置为在线客服时，只需要提供视频设备，节省了设备成本，也降低了与客户的沟通成本；视频客服不需要人工进行数据整理，不需要对客户进行分类管理，降低了企业的数据管理成本；视频客服打破服务的空间限制，拦截大部分基础售后问题，服务响应更快，提升客户服务体验，降低企业线下服务成本。

（2）提升服务团队效率。

视频客服通过实时双向互动，减少客服人员与客户之间的交流时间，使客服人员与客户建立更直观、更清晰、更便捷的交互模式，提高沟通效率，提升问题处理效率。

（3）提高客户满意度。

视频客服与客服中心有效对接，及时向客户反馈处理结果，让客户感受到企业的服务态度。高品质视频通话，同时保护客户隐私，防止信息泄露，让客户倍感安全和满意。

（4）提升销售转化。

解决客服不在线问题。客服可以使用视频客服系统，与客户进行远程视频，让客服人员随时随地与客户进行交流，24小时响应客户需求，不会错过每一单。通过面对面互动，增强客户对产品的了解和信任度，拉近与客户的距离，加速客户购买决策，提升销售转化率。

（5）分析统计数据。

实时查看客户的聊天记录、会话内容、服务数据等，便于企业了解客户需求，更好地优化产品。企业可以对客户的服务情况进行分析，通过数据统计来提高员工的服务质量，了解客户对产品的评价和反馈，从而提高服务质量。

随着5G、6G技术的普及和发展，视频客服将会有更多的应用场景，也将会有更多企业加入视频客服行业中来。

小试牛刀

网易云商的七鱼在线机器人是一款文本机器人。通过资料搜索、网站查询等方式，去了解这款在线机器人的特色，并将七鱼在线机器人特色的特色简述填入表8.2.3。

表 8.2.3　七鱼在线机器人特色

序号	产品特色	特色简述（每项不超过20字）
1	全年无休机器人接待	
2	智能坐席辅助	
3	一键导入行业知识云	
4	专业的机器人训练服务	

活动2　智能客服辅助工具

活动描述

"阳光·微笑"客服团队在客服实践中使用智能客服工具时，因为经验不足，缺乏应对思路以及专业的客服话术，遇到客户的投诉，因此，企业导师推荐了一款AI文生文工具来帮助优化话术和提供解决思路，通过辅助工具来优化智能客服，提高客户满意度和工作效率。

项目 8　未来篇：电子商务客服行业发展与数智化客服

活动准备

一、AI 文生文工具概述

AI 人工智能文生文工具通过自然语言处理和机器学习算法，输入关键词能够自动生成文章或文本内容，为企业和个人提供强有力的支持，如文心一言、通义千问、讯飞星火、刺鸟创客等，具体功能和适用场景如表 8.2.4 所示。

表 8.2.4　AI 文生文工具

工具名称	功能特点	适用场景
文心一言	智能纠错、文本润色、创意激发	学术论文、日常博客、文学创作、商业文案创作、数理逻辑推算
通义千问	多轮对话、文案创作、逻辑推理、多模态理解、多语言支持	文案创作能力、续写小说、编写邮件
讯飞星火	文字语言理解、知识问答、逻辑推理、代码编写	智能创作、多领域知识问答、编写代码
刺鸟创客	智能改写、AI 撰写、句子搜索、文案提取、敏感词查询	撰写文章、文案创作能力

AI 文生文工具分类包括以下几点。

（一）内容生成类

这类工具主要利用自然语言处理技术，根据用户输入的关键词或主题，自动生成高质量的文章。它们通常具备智能改写、纠错、查重等功能，能够极大地提高写作效率。例如海鲸 AI 就是一款集文章生成、改写、纠错、查重于一体的 AI 写作平台。

（二）辅助创作类

这类工具主要帮助用户进行文章构思、内容整理和优化，提高文章的质量和可读性。比如 ProcessOn 思维导图就是一款非常好用的思维导图 AI 生成工具。

（三）智能问答与搜索类

这类工具通过智能问答和搜索技术，帮助用户快速获取相关信息，为写作提供灵感和素材。比如 Kimi.ai 就是一个拥有超大"内存"的智能助手，具备智能问答、搜索和文本关键信息提取等功能的强大工具。

二、AI 文生文工具的优化策略

（一）数据收集与分析

（1）收集现有的客服对话数据，包括常见问题、客户反馈、解决方案等。

（2）分析这些数据，了解客户的主要需求、问题和关注点。

（二）话术优化

（1）使用 AI 文生文工具来生成更专业、更人性化、更易于理解的话术。

（2）确保话术简洁明了，避免使用复杂的行业术语或冗长的句子。

（3）针对不同类型的问题或需求，制定不同的话术模板，提高响应效率。

（三）智能回复

（1）通过 AI 文生文工具实现智能回复功能，快速响应客户咨询。

（2）对常见问题，可以设置自动回复，减少客服人员的工作量。

（3）对复杂问题，AI 可以生成初步回复并提供解决思路，再由客服人员进一步跟进。

（四）情感分析

（1）利用 AI 技术对客户情绪进行分析，了解客户的满意度和潜在需求。

（2）根据情感分析结果调整话术和解决方案，提高客户满意度。

（五）知识库建设

（1）建立一个全面的知识库，包括产品信息、使用说明、常见问题及解决方案等。

（2）AI 文生文工具可以从知识库中提取相关信息来生成话术和解决方案。

（3）定期对知识库进行更新和维护，确保信息的准确性和时效性。

（六）个性化服务

（1）通过 AI 技术识别客户的个性化需求，提供定制化的服务。

（2）例如，根据客户的购买历史或浏览记录推荐相关产品或解决方案。

（3）或者，针对客户的特殊需求提供个性化的服务建议。

（七）持续学习与优化

（1）利用 AI 文生文工具的机器学习功能，持续学习和优化话术和解决方案。

（2）通过分析客户反馈和对话数据，不断优化 AI 模型的性能和准确性。

（3）定期对 AI 客服系统进行评估和测试，确保其稳定性和可靠性。

（八）人机协作

虽然 AI 文生文工具可以提高客服效率和质量，但人类客服人员的专业知识和经验仍然不可替代。因此，建议采用人机协作的方式，让 AI 客服系统辅助人类客服人员工作，共同为客户提供更好的服务。

通过以上优化策略，电子商务客服可以利用 AI 文生文工具来优化话术和提供解决思路，提高客户满意度和工作效率。

三、AI 文生文工具的使用

下面以文心一言为例，介绍 AI 文生文工具的使用步骤。

步骤一：体验文心一言。

登录文心一言的官方网站，开始体验文心一言。

步骤二：选择使用场景。

文心一言适用于不同的场景，包括但不限于创意写作、灵感策划、人物对话、商业分析、数据分析和营销文案等,如图 8.2.7 所示。在开始使用之前,需要根据自己的需求选择相应的使用场景,例如在搜索栏直接输入关键词客服,如图 8.2.8 所示。

图 8.2.7　文心一言 场景选择

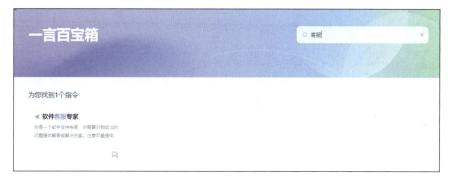

图 8.2.8　文心一言 搜索客服场景

步骤三:输入问题和文本。

在相应场景下,需要输入问题和文本。例如,如果想使用文心一言搜索客服回复话术和解决方案,可以在搜索框中输入关键词,如 8.2.9 所示。

图 8.2.9　文心一言 输入问题

步骤四:查看文心一言处理结果。

文心一言对输入的问题进行处理和分析。这个过程可能需要一些时间,具体取决于问题的复杂程度和文本的长度。在文心一言处理完成后,会看到相应的结果,如图 8.2.10 所示。

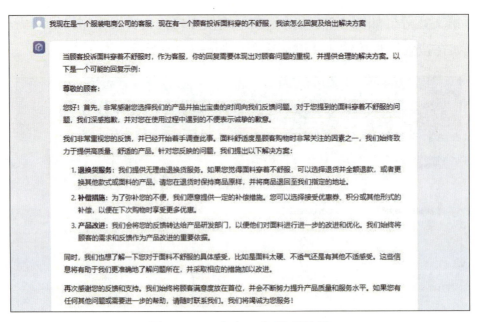

图 8.2.10　文心一言 处理结果

步骤五：根据需要进一步操作。

根据分析结果页面的提示，可以进一步操作。例如，可以点击相关的链接或推荐内容以获取更多详细信息；可以对翻译结果进行修改或调整；可以对文本进行分类或情感分析等。

文心一言等 AI 文生文工具是基于人工智能技术开发的写作辅助工具，具备自然语言处理技术，能根据输入的关键词快速生成高质量的文本内容，但其结果可能存在误差和不足之处，需要进行人工二次编辑，且不能替代人类的创作灵感和才华。因此，在使用时需要谨慎对待其结果和建议，并结合实际情况进行判断和应用，保持创作的独立性和原创性，才能真正达到优化智能客服的目标。

实战演练

使用文心一言工具为以下客服情境提供解决思路。

假设你现在是一个家具电子商务公司的客服，现在某客户因为快递问题很急躁且不好沟通，请问接下来该怎么处理？

活动3　智能客服配置技巧

活动描述

产教融合客服岗位实践后，王秀、李刚电子商务客服技能更加突出，被刘老师选进电子商务运营技能竞赛训练营。他们把实习过程中学到的智能客服配置技巧也运用到技能竞赛中的客服模块，训练题中关于智能客服问题的处理，主要涉及结合客户高频问题及标准回复话术，设置快捷回复，以及准确完成客户问题的回复。

项目 8 未来篇：电子商务客服行业发展与数智化客服

活动准备

一、电子商务运营国赛训练题

（一）任务背景

博其文具旗舰店进行线上运营后，中性笔、便利贴、燕尾夹等商品销量实现大幅提升，客户咨询数量也大大增加。由于客服人员有限，因不能及时回复而导致部分客户流失。为了改善这种情况，客服人员归纳整理出客户高频问题及标准回复话术，借助智能客服工具，设置快捷回复，辅助客服及时、准确地应答客户的各类问题，提高客户响应效率和客户满意度。

（二）任务素材

1. 商品信息（部分）

（1）简约速干黑色笔芯中性笔10支装。

这款中性笔的上市时间是2023年1月，采用高流量控墨设计，帮助书写更连贯，每一次落笔宛若行云流水，不易渗透纸张。除了日常书写还可以用它涂鸦创作、制作手账。采用精选颜料型油墨，防止字迹边写边被擦花，书写纸面更干净。遇水不易洇，字迹耐久度良好，不易褪色。现在下单购买满299元，随机送1件赠品。其属性信息如图8.2.11所示。

（2）高颜值办公专用多尺寸木浆纸便利贴。

这款便利贴的上市时间是2023年1月，采用木浆纸，便利贴纸张上下两层同时带有硅油防护，可进行双面顺畅放心书写，纸面光滑、柔韧性较好，使用过后接触面依旧保持清洁，不用担心因胶体残留而带来的不美观、难清理等问题。现在下单可享受满29元包邮。其属性信息如图8.2.12所示。

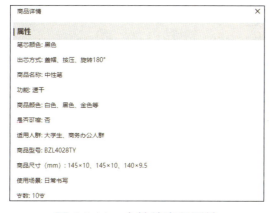

图 8.2.11 中性笔商品属性

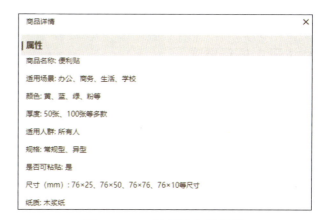

图 8.2.12 便利贴商品属性

2. 网店信息

（1）关于商品。

商品因拍摄角度、拍摄光线、显示器不同等各种客观因素造成的色差是难免的，公司相关工作人员会尽量减少商品色差，但仍请顾客以实物为准。商品自拍下之日起，七天之内出现降价,都可以退回差价。商品支持花呗支付。

(2)关于发票。

发票类型:凡是在本店购物均提供正规增值税电子普通发票,享受全面的售后保障。电子发票会在确认收货后的7个工作日内开出,届时可下载查阅或保存。

金额:所有订单均按照实际付款金额开具正规发票,若您使用了优惠券,发票金额将不包括优惠券部分。

抬头和内容:发票抬头由客户在提交订单时填写,若未填写,默认为"个人",发票内容为订购商品明细,不支持修改为其他。

退货和售后网点检测、保修都需要持有发票,请务必妥善保管。

(3)关于快递。

发货周期:正常情况下会在您支付订单成功后24小时内为您配货发货;如遇商品预售(预订)、节假日、大促等情况,发货日期以商品页面标注的日期或平台规则为准。

选择快递:目前店内合作的物流是时效性较高的顺丰和覆盖面积较广的圆通两家快递,不支持指定,系统会根据您的地址匹配最适合的快递安排发货。

物流送达时效:已发货订单在您已买到宝贝里可以查询到对应的物流单号,如果您想了解商品运输进程和大约到货时间,可以联系顺丰或圆通电话客服进行咨询、督促配送速度。

(4)关于退换货政策。

本店所售商品均为品牌直供且有正规发票,将严格按照国家三包政策,对所售商品(特殊说明商品除外)提供7天(含)退货、15天(含)质量问题换货和保修服务。

关于退回商品是否满足入库标准的判断:首先,您需要按照程序向店铺提出申请,我们会尽快为您审核。退换货申请初审通过后,请您尽快将必要物品寄回,仓库在确认物件齐全且符合退换货标准后进行入库,并换新或退款。

(三)任务要求

(1)分析网店及商品资料;

(2)归纳客户高频问题;

(3)设置标准回复话术;

(4)分析客户问题,识别客户需求;

(5)动态应答客户各类问题。

(四)操作过程

(1)整理"常见问题"与"服务信息";

(2)设置快捷回复;

(3)智能回复。

二、智能客服问题处理范例

（一）整理"常见问题"与"服务信息"

将"常见问题"（图8.2.13）与"服务信息"（图8.2.14）的所有内容全部复制到Excel表格中。

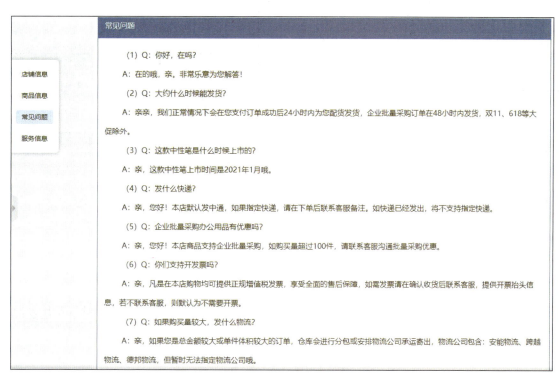

图 8.2.13　常见问题

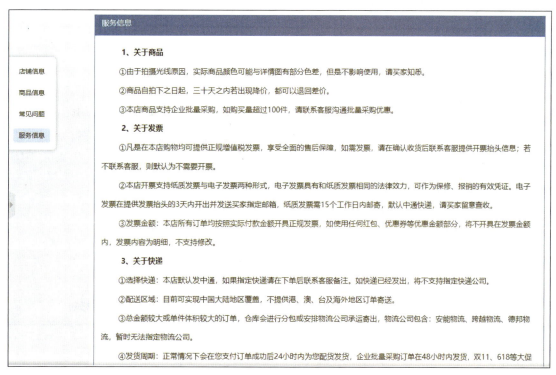

图 8.2.14　服务信息

在 Excel 中将所有问题进行分类排列整理，将同种类型的问题如商品信息、关于商品、关于发票、关于快递、关于退换货政策等整理在一起，如图 8.2.15 所示。

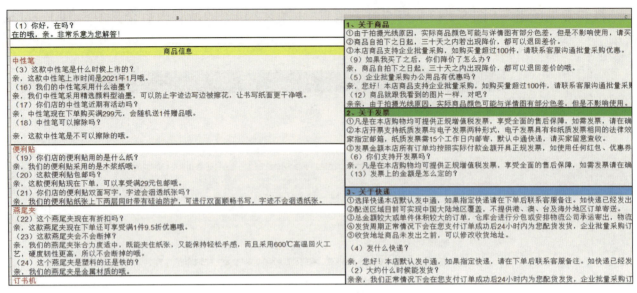

图 8.2.15　问题整理

（二）设置快捷回复

按照分类依次将回答的内容复制粘贴到快捷回复内容框（注意：不要将提问也复制进去），如图 8.2.16 所示，并确定添加。

（三）智能回复

进入【开始问答处理】，单击买家，发现之前设置的快捷回复会出现在对话框的右侧，按照对话框中买家的提问，及时选择恰当的快捷回复进行发送，完成回复，如图 8.2.17 所示。

图 8.2.16　设置快捷回复

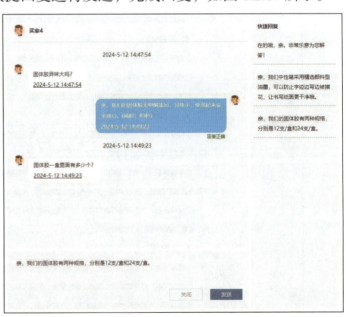

图 8.2.17　智能回复

项目 8 未来篇：电子商务客服行业发展与数智化客服

实战演练

同学们，可以根据10套电子商务运营技能竞赛国赛赛题，按照提供的素材，结合客户高频问题及标准回复话术，设置快捷回复，在规定时间内，利用竞赛平台提供的应答环境，准确地回复15个客户的50个问题，进行技能训练。

任务 3　提升个人职业规划意识与能力

任务导入

王秀、李刚在星星之火工作室的实习期已进入尾声，他们在实习期间一直处在客服专员的岗位。基于对电子商务客服这个职业的兴趣，他们希望能了解中大型企业电子商务客服的考核标准和晋升途径，为自己的职业生涯作一番规划，设定学习目标、工作目标和发展目标，为自己即将返回学校继续学业以及毕业求职做好准备。

任务分解

企业电子商务客服部门设置有客服专员、客服组长、客服主管和客服经理等岗位，并且制定了考核标准，用于评价客服部门员工的绩效和工作能力，作为晋升的参考指标。王秀、李刚先在企业导师的讲解下知悉电子商务客服部门考核标准和晋升途径，决定为自己制订一份职业生涯规划，设定短期的学习目标、长期的岗位目标和发展目标，进而制订职业生涯技能提升计划，决心潜心学习，掌握客服岗位的技能及职业素养。

任务实施

活动1　电子商务客服岗位及考核要求

活动描述

王秀、李刚在星星之火工作室中实习一段时间后，一直处在客服专员的岗位，职业能力有所提升。他们开始对电子商务客服人员在进入工作岗位之后的个人职业晋升路径也很感兴趣，企业导师为他们讲解了电子商务客服岗位的发展方向，消除他们的职业迷茫，使他们对职业生涯规划有了更清晰的认知。

活动准备

一、电子商务客服的岗位规划及要求

电子商务客服的岗位职责通常包括客户咨询解答、订单处理、售后服务、投诉处理、信息收集与反馈、销售支持、维护客户关系、跨部门协调等。

在电子商务客服岗位工作一段时间后，有部分能力突出的客服人员，会成为公司选拔客服主管的培养对象。企业在进行客服人员招聘时，不同企业对电子商务客服专员的岗位职责、工作能力、管理水平等提出不同的要求，同时薪酬水平也有所不同，如图 8.3.1 所示。

图 8.3.1　电子商务客服招聘信息

小试牛刀

分组讨论，4 位同学一组合作探究，每组的 4 位同学分别应聘客服专员、客服组长、客服主管、客服经理四种岗位，在网络上通过前程无忧、猎聘、BOSS 直聘等招聘网搜索企业对这四种岗位的招聘信息，每种岗位招聘信息不少于三则，并按照岗位整理客服岗位职责、关键技能要求和职业素养要求，完成表 8.3.1 的填写。

表 8.3.1　客服岗位职责与要求

岗　位	岗位职责	关键技能要求	职业素养要求
客服专员			
客服组长			
客服主管			
客服经理			

项目 8　未来篇：电子商务客服行业发展与数智化客服

二、电子商务客服的考核与晋升

（一）客服的绩效考核制度

客服工作跟其他工作一样都有考核标准，而每家企业的客服考核标准均有一套非常科学的体系。比如，企业每月有一次月度绩效考核，每年有一次年度绩效考核。考核通过才能继续晋升，考核没有通过会被降职，甚至会被辞退。表 8.3.2 是中山市买它网络科技有限公司（以下简称"买它网络"）客服人员的绩效考核标准表，作为客服人员必须清楚自己所在企业客服绩效考核指标。

表 8.3.2　买它网络客服人员的绩效考核标准表

考核指标	细则说明	具体标准	计算方式/考核要点	提升策略
接待人数	这一指标衡量客服每天能够接待顾客的数量，体现了客服的工作量和效率	·合格：平均每日接待 1 500 人，表明客服能够有效应对常规的顾客咨询量。 ·优秀：平均每日接待 2 000 人，客服不仅能够处理日常咨询，还能在较繁忙时段保持高效。 ·组长竞选资格：平均每日接待达到 2 500 人，此标准下客服展现出了超常的工作能力和效率，足以考虑其是否有能力承担更多责任，如小组管理		
首次响应时长（人工）	首次响应时长是指顾客发出咨询到客服首次回复的时间	≤ 15 秒		
平均响应时长（人工）	整个对话过程中，客服每次回复顾客的平均等待时间	≤ 30 秒		
回复率	所有顾客咨询被回复的比例	通常目标是 100%	（已回复的咨询量/总咨询量）×100%	
客单价	平均每笔售前转化订单的金额，反映客服引导顾客消费的能力		与历史数据或同组客服平均值对比，设定提升目标	通过产品推荐、搭配销售、促销活动介绍等方式增加单笔订单的价值
转化率	咨询转化为实际购买的比率，是衡量售前客服销售技巧的关键指标	≥ 35% 为合格，≥ 45% 优秀	（售前咨询下单量/售前总咨询量）×100%	

（二）电子商务客服的晋升

1. 电子商务客服的岗位晋升渠道

客服运营岗位的上升渠道非常广阔。可以选择在客服运营领域进行职业发展，比如技能提升、管理岗位晋升、跨部门或跨职位流动等，也可以选择成为行业专家或咨询师，又或者自主创业，为自己的职业生涯开辟新的道路。

客服人员晋升渠道如图8.3.2所示。

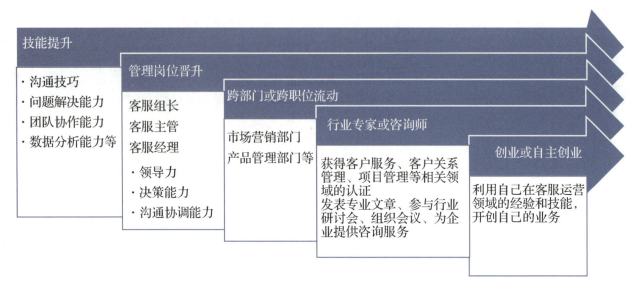

图8.3.2　客服人员晋升渠道

2. 电子商务客服的岗位晋升制度

企业针对客服岗位设置了技术、管理晋升双渠道，向客服人员提供了宽广的职业发展空间。买它网络在公司内部营造公平、公正、公开的晋升环境，为客服岗位提供较明确的职业发展思路，图8.3.3为该企业对客服岗位设置的技术晋升渠道，图8.3.4为该企业对客服岗位设置的管理晋升渠道。

图8.3.3　买它网络技术晋升渠道

图8.3.4　买它网络管理晋升渠道

其中，中级客服的薪资级别与客服组长相同，高级客服的薪资级别与客服主管相同。如需从技术岗位转入管理岗位，中级客服可以直接申请客服组长岗位，高级客服可以直接申请客服主管岗位。岗位晋升制度的推行能提升员工的个人素质和能力，留住优秀人才并激励其上进，最终打造出积极向上、能力超群的客服团队。

技能初探

分组讨论，4位同学一组合作探究，查询资料，共同完成以下任务。
（1）制定客服岗位跨部门或跨职位流动的考核和晋级标准。
（2）客服岗位相关技能证书、行业认证有哪些？
（3）分析电子商务客服人员的创业机会。

活动2　制订学习计划，提升职业能力

活动描述

王秀、李刚从星星之火工作室结束实习返回学校后，决定要潜心学习，掌握客服岗位的技能及提升职业素养，成为一名优秀的电子商务客服，并为自己制订了短期和长期的学习计划，对自己的职业生涯作出规划。

活动准备

一、提升职业素养

每个职业岗位对劳动者的职业素养都有明确要求，职业素养包括职业信念、职业知识技能和职业行为习惯等。电子商务客服职业信念表现为对自己所选职业方向有确定的态度，在客服岗位上应具备良好的职业道德、积极的职业心态和正确的职业价值观，如以客为尊，就要做到尊重客户，维护企业形象；懂得换位思考，确保与客户之间的有效沟通；积极上进，苦练服务意识和答疑技巧等。电子商务客服岗位职业知识技能则包括快速熟悉商品信息、平台操作技能、沟通技能、速录技能等客服相关专业知识和技能。职业行为习惯是职业素养的外在表现，在职业活动或目标明确的训练中形成。

提升职业素养，不但有助于职业小白成功就业或创业，适应岗位要求，而且有利于电子商务客服人员在职业出现变化时掌握主动权，实现职业生涯的可持续发展。提升职业素养需要把实干和创新结合起来，需要不断学习专业课程，在实践中磨炼专业技能。作为中职生，可以通过专业实训、岗位实习等方式，熟悉职业岗位规范，符合职业资格要求；可以在实践中培养对电子商务客服的职业兴趣，发挥想象力和创造力，获得职业发展的动力；通过参与客服岗位实习，逐渐培养良好的职业道德，坚定职业理想，为职业生涯的长远发展奠定基础。

小试牛刀

通过自我反思和与他人交流,结合客服人员岗位,制订提升自身职业素养的计划,完成表 8.3.3。

表 8.3.3 自身职业素养提升计划

职业素养	目前表现较好的方面	有待提升的方面	提升策略
职业信念			
职业知识技能			
职业行为习惯			

二、制订职业生涯规划

制订职业生涯规划,需要充分认识自己的职业兴趣、职业性格、职业能力和职业价值观等,立足实际、着眼未来、不断发展。根据霍兰德的职业兴趣理论,人和职业都可分为实用型、研究型、艺术型、社会型、企业型、常规型六种类型,如图 8.3.5 所示。而大多数人并非典型的某种类型,而是两三种类型的组合。

- **实用型**:喜欢使用工具从事可操作性工作,动手能力强,偏好要求明确的具体任务
- **研究型**:抽象思维能力强,求知欲强,喜欢独立的和富有创造性的工作,逻辑分析和推理能力强
- **艺术型**:有创造力,乐于创造新颖、与众不同的作品,渴望表现自己的个性,做事理想化,追求完美,有一定的艺术才能和个性等
- **社会型**:喜欢与人交往,不断结交新的朋友,善言谈,愿意教导别人,渴望发挥自己的社会作用等
- **企业型**:追求权威和物质财富;具有领导才能,喜欢影响他人,喜欢竞争,敢冒风险,有抱负等
- **常规型**:尊重权威和规章制度,喜欢按计划办事,细心,有条理,关注实际和细节情况,通常较为谨慎和保守

图 8.3.5 霍兰德的职业兴趣理论

在综合分析自身和外部条件的基础上,确定职业生涯目标,制订职业生涯行动计划,并在执行规划、逐步实现阶段目标的实际行动中不断调整实施策略、完善规划,从而构成相对完整

的职业生涯规划过程。制定职业生涯规划的步骤如下。

（一）确定职业生涯目标

确定职业生涯目标是制订职业生涯规划的核心。职业生涯目标是指个人在选定的职业领域内未来时点上所要达到的具体目标，按照由近及远的顺序，可包括短期目标、中期目标和长期目标，是职业理想的具体化，指引个人的行动方向，如表 8.3.4 所示。若将职业生涯的起点定为电子商务客服人员，那么按照客服人员晋升渠道，可以根据自身和外部条件确定最终的目标，明确而合理的目标有助于减少个人行为的盲目性，激励、引导个人为实现目标而努力。

表 8.3.4　确定职业生涯目标

姓名	严永波		性别	男	出生年月	2000 年 3 月
健康状况	健康		政治面貌	共青团员	所学专业	电子商务
职业意向	从事电子商务客服、电子商务运营等电子商务相关专业工作					
个人因素分析	社会经验不足，希望通过实践提高自己					
环境因素分析	社会压力大，竞争激励，但仍需坚持努力！					
职业生涯目标	人生目标	创立自己的企业				
	长期目标	成为一名企业主管				
	中期目标	成为一名企业佼佼者、领头羊				
	短期目标	找到一份稳定的工作				
在校学习规划与措施	完成学业，拿到应有技工证书，为走进社会企业充分做好准备					
中期规划与措施	利用专业搜索引擎找到企业管理规划的措施并加以学习					
长期规划与措施	注意生活细节不断培养自己的管理能力和领导能力					
备注						

（二）制订职业生涯行动计划

行动计划是实现职业生涯目标的具体措施。一份完整的行动计划包括实现目标的具体任务、完成任务的期限、完成任务的标准、实现任务的策略等，还要确定完成各项任务的起止时间和进度安排。在行动计划中要注意近期目标、中期目标和长期目标的关联性，近期目标要为中期目标和长期目标打好基础，做好铺垫。

制订行动计划，可采用从年计划开始，向学期、月、周、日逐步细化的方法。在校期间的学期计划可根据学校每个学期的专业教学计划，如课程安排、实训安排等制订。计划的落实需要体现在每天的安排上，而更加详细具体的日计划，可按照：列举当天所有任务、估算每项任务所需时间、预留弹性时间、标识重要任务等四个方面进行制订。

（三）执行职业生涯规划

认真执行职业生涯规划的各项任务，是职业生涯目标实现的重要保证。提高规划执行力可采用以下方法。

1. 科学管理时间

坚持自我激励、自我鞭策，善用时间，提高时间利用率。

2. 相互督促

与身边的同学、好朋友互相公开自己的规划，相互鼓励、督促执行规划。或者请老师、家人帮忙监督自己、激励自己，提醒自己要严格执行职业生涯规划。

3. 定期检查规划执行效果

可使用任务单的方法来记录规划执行情况，定期检查自己执行规划的效果。比如，在任务单上写下当天、本周和本月要完成的任务，在任务到期时（每天晚上、每周末、每月末）核对任务单的完成情况，包括规划的任务是否如期完成、是否达到预期效果，执行环节是否存在问题，分析没有完成任务的原因，列出任务内容或执行方法调整和改善的措施等。

（四）完善职业生涯规划

在职业生涯规划的执行过程中，定期对执行结果进行检查、反思、总结，可以及时发现问题、查找原因。每一阶段根据自己的实际执行情况，统筹安排，合理制订下一阶段的任务，实时调整规划的任务，最终实现规划目标。

另外，可根据实习、实训过程中的体验，求职过程中对自身条件的检验，以及职业信息和就业市场供需实际等，对职业生涯规划进行调整。从业初期，职业的实践体验、职业环境的变化、职业素养的提升等也可能促使职业生涯规划的调整。

技能初探

根据活动1中客服人员晋升渠道，结合霍兰德的职业兴趣理论分析自己的性格，为自己绘制一个客服职业生涯蓝图，完成表8.3.5客服职业生涯规划。

表8.3.5 客服职业生涯规划

学 号		姓 名	
个人职业性格类型			
职业生涯目标	短期目标	中期目标	长期目标
职业生涯行动计划（年计划）	*包括实现目标的具体任务、完成任务的期限、实现任务的策略，确定完成各项任务的起止时间等		

项目提升

实训名称： 设计和制订学期任务单。

实训背景： 小刘是一名电子商务专业的中职生。早在入学之初，他就规划好了未来的发展道路是要成为一名出色的客服部门经理,并准备在学校读书期间用最短的时间考取与专业相关的资格证书。眼看即将进入中职二年级第二学期,假如你是小刘同学,请根据自己学校中职二年级第二学期的实训任务、教学课程等,设计和制订一个学期任务单。

实训目的: 培养创新意识与学习能力,提升个人职业规划意识与能力。

实训过程:

1.了解自己学校中职二年级第二学期的实训任务、教学课程等。可参考表8.3.6进行表格设计及填写。

表8.3.6 学期课程和实训安排

学校名称		学 期	中职二年级第二学期
学期课程安排	课程名称	课程关键知识列举	
学期实训任务	实训名称	实训关键知识列举	
其 他			

2.设计和制订中职二年级第二学期的学期任务单,应包含的内容可参考如下思路。

(1)按照学期每门课程的教学计划,设置阶段(如第1周~第4周、第5周~第8周等以此类推)必须掌握的知识任务。

(2)按照学期安排的实训任务,设置实训过程中必须掌握的知识任务。

(3)制订课程之外的,可通过其他途径掌握客服创新理念、了解行业新知的计划。

(4)制订考取与专业相关的职业技能等级证书计划。

(5)制订与客服岗位相关或与专业相关的课余实习计划。

项目小结

通过本项目的学习,同学们熟知了电子商务客服行业发展现状和创新理念,拓宽了对智能客服工具的认知,能够使用智能客服辅助工具优化客服。在实训过程中,培养了学生"客户至上"的服务意识,提升了学生的个人职业规划意识,学生通过积极参加竞赛培训,提升了智能客服配置实践技能,也增加了升学机会。

项目反馈

请根据本项目的工作任务,进行自评、互评、企业评价和教师评价。学习评价反馈表如表 8.3.7 所示。

表 8.3.7 学习评价反馈表

小组名称			小组成员					
项目	评价项目	评价内容	评价维度					
			自我评价/25%	队员评分/25%	组间评分/25%	教师评价/25%	总分/100%	
电子商务客服行业发展与数智化客服	知识学习	1.能说出电子商务客服行业发展现状和趋势。(10分) 2.能说出客服创新理念。(10分) 3.能说出常见的AI智能客服工具。(5分) 4.能说出电子商务客服岗位及其能力要求。(5分)						
	技能训练	1.能运用客服创新理念进行案例分析。(10分) 2.能使用智能客服辅助工具。(10分) 3.针对国赛、省赛样题,结合客户高频问题及标准回复话术,设置快捷回复,准确回复客户问题。(10分) 4.能结合自身情况制订提升职业能力的学习计划。(10分)						
	素养提升	1.按时上下课,并按照要求完成课前作业、预习、课后作业。(10分) 2.学习态度端正,积极参与课堂活动,遵守学习和实训场室管理规定。(10分) 3.学习实践中,提升数据思维、学习能力、创新意识,以及个人职业规划意识。(10分)						
	学习收获							
	完善提高							

参考文献

［1］教育部组织编写．思想政治 基础模块 心理健康与职业生涯［M］．北京：高等教育出版社，2023．
［2］廖文硕．网络客户服务实务（第3版）［M］．重庆：重庆大学出版社，2022．